高校体育教学创新和管理创新

刘　勇　著

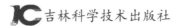吉林科学技术出版社

图书在版编目（CIP）数据

高校体育教学创新和管理创新 / 刘勇著. -- 长春：
吉林科学技术出版社，2023.5
ISBN 978-7-5744-0435-9

Ⅰ．①高… Ⅱ．①刘… Ⅲ．①体育教学－教学研究－
高等学校 Ⅳ．①G807.4

中国国家版本馆 CIP 数据核字(2023)第 105723 号

高校体育教学创新和管理创新

著	刘 勇	
出 版 人	宛 霞	
责 任 编 辑	王 皓	
封面设计	正思工作室	
制 版	林忠平	
幅面尺寸	185mm×260mm	
开 本	16	
字 数	230 千字	
印 张	10.5	
印 数	1–1500 册	
版 次	2023年5月第1版	
印 次	2024年1月第1次印刷	

出　　版　吉林科学技术出版社
发　　行　吉林科学技术出版社
地　　址　长春市福祉大路5788号
邮　　编　130118
发行部电话/传真　0431-81629529 81629530 81629531
　　　　　　　　　81629532 81629533 81629534
储运部电话　0431-86059116
编辑部电话　0431-81629518
印　　刷　廊坊市印艺阁数字科技有限公司

书　　号　ISBN 978-7-5744-0435-9
定　　价　60.00元

前　言

在社会经济和科技的发展下我国的互联网技术得到了突飞猛进的发展，发展至今在多个行业中都得到了广泛的应用。互联网技术是在社会科技提升下发展而来的一种新型技术，而"互联网+"就是以互联网为基础来对网络技术进行提升和创新的一种方式，该方式在多个行业中都有了较为广泛的使用，且在使用的过程中也能实现不同领域的有效融合。在"互联网+"时代背景下我国的搞笑教育为了满足社会发展的需求也对自身的教育方式进行了创新，而通过教育方式的创新也使得我国的高校教育得到了新的发展。

在信息化时代，我国高等教育正进行全方位的改革。但从目前高校体育教学的整体情况来看，教学方法与手段依然传统老套，内容缺乏生机与活力，已不能满足现代大学生的需求，更难以适应新形势的发展需要。充分挖掘网络资源，构建高校体育教学信息化平台，在改革思路，教学内容和手段，成绩评定，场地使用，运动监控等方面运用智慧体育进行创新，实行立体化混合教学模式，建立多元化客观评价体系，构建智慧体育课堂和运动场，是教育信息化背景下高校体育教学改革的有益探索。

以往的高校体育教学中教学模式都是以教师为中心展开教学活动，这种教学方式所带来的教学效果并不明显，也不再使用当前社会的需求。在互联网技术提升下该技术已经在人们生活中得到了极大的普及，且也为人们生活带来了较大的便利，由于在当前的搞笑发展中每个学生都对移动终端进行了使用所以为了在教育的过程中有效的带动学生的学习兴趣，就必须合理的对互联网技术进行应用，这样不但能够为教师和学生建立一个交流互动的平台，也能对学生的主体作用进行有效的发挥。

本书共七章。第一章介绍了高校体育教学理论，包括高校体育课程教学理论概述、高校体育课程与教学目标、高校体育教学价值观与目标思考及高校体育教学内容体系构建。第二章从社会体系对教育体系的冲击，再到教育系统内的共融共荣共促，再到互联网教育推动教育整体性的变革，从而互联网教育产业为教育变革提供强大动力几个方面介绍了合"互联网+教育"的时代背景。第三章介绍了互联网与现代体育教学的关系，分别为互联网体育信息的传播特点、互联网在高校体育教学中的优势及对教育模式的影响。第四章介绍了高校体育教学模式的创新发展。第五章互联网背景下高校体育教学模式创新发展。第六章介绍了"互联网+"与体育教学融合发展应用，包括慕课、翻转课堂、微课、手机运动 App、"三通两平台"、"互联网+"体育赛事、"互联网+"体育测试七个方面。第七章从以人为本、健康第一、终身体育、科技发展、社会发展、网络信息六个角度的视角下概述了体育教育。

编委会

目 录

第一章　高校体育教学理论

第一节　高校体育课程教学理论概述

一、高校体育课程教学基本理论

（一）高校体育课程基本内容

1.课程和教学的概念。关于课程的概念众说纷纭，不同的学者按照各自不同的课程价值观念来阐述课程的定义和内涵：在国外，课程一词最早出现在英国教育家斯宾塞的《什么知识最有价值》（1859）一文中，课程是从拉丁语"currere"一词派生出来的，意为"跑道"。随着教育科学的深入发展，课程的意义不断得以丰富，人们对课程内涵的界定各持己见，形成了不同学说。

关于"教学"一词，早在我国商朝的甲骨文中就已经出现了"教"字，也有了"学"字。到20世纪初，人们才对教师的"教"重视起来。新中国建立后，随着苏联教育家凯洛夫的著作在我国的翻译介绍，教学内涵又发生了新的变化。教和学是同一过程的两个方面，彼此不可分割地联系着。

2.高校体育课程教学的理念。体育课程的定位，着眼于新世纪人才素质的需求，注重以人为本，强调以学生的学习、发展为教学的中心，以"健康第一"作为教学的指导思想。体育课程教学以学生的学习、发展为本，教学过程中，要求学生进行主动学习。倡导学生主动参与、乐于探究、勤于动手，培养学生体育能力和进行体育锻炼的良好习惯，树立终身体育的运动意识。教师在课程教学过程中的主导作用是引导、帮助学生对体育课程知识、运动方法和动作技术的学习。体育课程突出学生作为课堂教学的主体地位，重视教师的主导作用，在教学过程中为完成共同的教学任务，实现共同的教学目标进行知识技能的传授、研究和探索。

确立知识与技能、过程与方法以及情感态度与价值观三维度的整合。体育课程的教学，要在继承与发扬传统的体育教学成功经验基础上，确立知识与技能、过程与方法以及情感态度与价值观三个维度的整合。强调知识与技能、过程与方法以及情感、态度与价值观的整合，体育课程打破了学科的本位主义框框，删除了"繁、难、偏、旧"的内容和改变了过于重竞技运动的状况，加强课程内容与学生生活以及现代社会和科技发展的联系。把课程回归现实生活。新课程教学注重理论与实践的结合，体育运动与健身方法的结合强调体育锻炼与日常生活的融合，使学生学会学习的方法、培养体育锻炼的习惯、养成终身体育的意识。

综合应用多学科理论进行教学，促进学生身体的健康发展。现代科学发展越来越呈现综合化的趋势，无论是自然科学还是人文科学，各学科之间往往相互渗透，产生新的边缘学科。体育课程的教学是促进学生生理健康、心理健康水平及社会适应能力的健康发展，有效地增强学生体质的过程。全面发展学生的身体素质和基本运动能力，形成良好的运动技能，同时注重在体育教学过程中对学生进行思想品德教育。要完成上述的教学任务，必须综合运用体育科学、教育科学、人文科学等多学科纂本理论与方法，促进学生身体的健康发展，有效地增强学生体质。

学生身体的健康发展是指学生身体机能、身体形态、心理素质和社会适应能力的全面发展。实施体育课程教学活动，是以促进学生身体的健康发展，有效地增强学生体质的运动过程。健康发展的内涵是指学生的全面、健康、和谐、可持续发展。

3. 高校体育课程教学的指导思想与任务。健康第一的指导思想不仅给体育课程教学改革注入了新的内涵，而且在提升学校体育价值含量的同时，使学校体育的教学目标更加明确。改变过去传统的体育教学"重竞技"，围绕"达标率""合格率"等功利性倾向，改变教学目标与学生学习的脱节现象，使体育课程教学与21世纪社会政治、经济的发展需求相适应，使体育课程教学与促进学生身心健康发展，有效地增强学生体质的目的和以学生为本的教学理念更加贴切。体育教学的指导思想在体育课程教学过程中通过各种途径对学校体育教学目标、教学任务、教学内容、教学方法、教学的组织形式和体育锻炼过程的体系产生极为重大的影响，是整个体育教育理论的核心。

实现教育部颁布的学校体育教学目标，体育课程教学的总任务，要全面锻炼学生的身体，促进学生生理健康、心理健康水平，有效地增强学生体质。培养学生体育能力，科学地应用健身方法，养成良好的体育锻炼习惯，为终身体育奠定良好的基础。

（二）高校体育课程的教学过程与内容

1. 体育课程的教学方法。体育课程教学方法是教师和学生为了实现共同的教学目标，完成共同的教学任务，在教学过程中运用的方式与手段的总称。体育课程教学理论与方法的探索、研究与发展，从始至终都遵循教育学、心理学、运动人体科学的原理，遵循教学理论与教学实践相结合的事物发展规律，遵循人体运动知识、技术技能的形成规律。

体育教学方法主要研究学校体育教学的基本规律，新课题是促进学生身体的健康发展和有效地增强体质、掌握体育知识与运动的规律。从宏观的角度上分析体育教学方法时，我们认为体育教学方法是体育课程教学活动过程中教师和学生为完成共同的体育教学任务，实现共同的体育教学目标过程的总称。从微观的角度上分析体育教学方法时，体育教学方法是由各种不同层次、具体性的教学方略、教学技术、教学手段和教学形式等所组成的一个系统性结构，包含有多层面的教学技术。

2.体育课程的教学过程。体育课程理念下的教学观强调：教学过程是师生积极参与、交往互动的过程。教学是教师的教与学生的学的统一，这种统一的实质是交往。在体育课教学过程中，强调教师的教以及学生的学所构成的一个有机组合的整体教学结构系统。教师根据学校体育的教学目的、教学目标、教学任务、教学内容与教学要求，通过体育课程教学与课外体育锻炼活动等不同的组织形式，将具体的体育基础知识、健身方法、运动技术和练习手段有目的、有计划、有组织、系统地传授给学生。逐步培养学生掌握、应用体育基础知识、健身方法、运动技术和练习手段进行运动健身的能力，以及对学生进行思想、道德、品质的教育。

体育课教学过程的本质是使学生学习、掌握和应用体育知识、健身方法和运动技术，培养学生良好的运动技能、体育锻炼习惯和体验运动乐趣。体育课程教学过程是素质教育的重要途径，体育课程教学具有促进学生身体形态、生理机能的功能，明显地体现在骨骼、肌肉和心血管系统、呼吸系统等形态、机能的发育方面。

3.高校体育课程的教学内容。教学内容是教师和学生据以进行教学的材料，教学的主要媒体。体育教学内容是根据体育课程教学目标、指导思想、教学任务、学生的学习需要与教师的职业技能，遵循体育教学规律和教学原则来选择教学素材，并且对其进行体育教材化的加工和创造，构成科学的、合理的、适合于社会需求和学生发展的体育课程教学内容结构体系。

体育课程教学内容是体育教学实践活动的载体，包含了体育教育的基本理论知识、体育健身的方法、运动技术、思想品质教育等体育教学要素和丰富的文化内涵。教师通过教学内容的"教"和学生对教学内容的"学"的过程，使学生学习、掌握体育教育的基本理论知识、体育健身的方法、运动技术，提高身体的运动能力水平和形成良好的运动技能。从体育教育活动实施过程及其对人的发展角度进行分析，体育课程教学内容从本质上起到了体育教学实践活动的载体作用。

体育教学素材有两个明显的特征：一是素材来源广泛，内容丰富。二是教学素材之间不具有严密的逻辑性，教材系统结构中每项教学素材内容都具有各自的功能性，由多项教材内容具有的功能性总和构成了能够达成多元教学目标的可能。体育教学内容与竞技运动区别表现在以下两个方面：（1）体育教学内容是根据体育课程教学目标、指导思想、教学任务、学生的学习需要与教师的职业技能，遵循体育教学规律和教学原则所选择的教学素材，是以学生身体健康发展和增强体质为教学目的。而竞技运动内容则是以参加竞技比赛，夺取金牌为目的，以运动员掌握、运用运动技术，提高运动竞技能力与水平为运动训练任务，明显存在不同的任务和目的。（2）体育教学内容必须根据学生学习的需要进行体育课程教材化的改造、组织和加工，而竞技运动内容则是由统一的竞赛规程、规则制订，通常情况下不允许进行改造。体育教学内容与其他教育内容一样是随着社会发展需求而处于不断变化和发展的过程之中。现代的体育教学内容的基本结构体系是随着学校体育和近来以体育运动的发展而逐步形成、改进与完善的。

4. 高校体育课程的教学评价。体育课程教学改革的一个重要内容就是以评价促发展，因此评价学生的学习要能够体现学生学习的不同层次水平。教学评价是研究课程教学过程中教师的教和学生的学的过程和结果。体育课程教学评价一般包括对教学过程中教师、学生、教学内容、教学方法手段、教学环境、教学管理诸多因素的评价，但主要是对学生学习过程与结果的评价和教师教学工作过程的评价。评价中依据一定的客观标准，通过各种测量和相关资料的收集，对教学活动及其效果进行客观衡量和科学判定。

体育课程教学的评价，是依据《新课程标准》所进行的课堂教学研究活动。在教学评价活动中强调体育课程教学应以促进学生身心健康发展为根本目的，贯彻"健康第一"的指导思想，要求在全面锻炼身体的基础上，促进学生生理机能、心理素质及社会适应能力方面都得到健康的发展，为终身进行体育锻炼打下良好的基础。体育课程教学的评价通过了解与评估教学各方面的情况，从而判断教学的过程、质量和水平，包括课程教学的成效和缺陷。体育课程教学的评价，对教师的教和学生的学都具有极为重要的激励和导向作用。通过评价反映出学生对学习的态度、动机、兴趣、方法及其结果能够激励教师的教和学生的学习过程，使师生了解与掌握自己所进行的教学状态及其发展变化情况，提高教学活动的效率从而获得最佳的结果。

二、学习体育课程与教学论的意义目标和方法

（一）体育课程与教学论的意义

学好体育课程与教学论，无论是对于正在进行的体育教育专业学习的本专科生、体育课程与教学论专业的研究生，还是已经工作在第一线的体育教师来说，都具有重要的意义。体育教学理论奠基于教育学、体育学和人体发展学等现代科学学科的理论基础之上，是应用教育学、体育学科理论与人体运动相互结合和相互渗透所形成的一门综合性科学。学好体育课程与教学论对于促进其体育教学职业技能的发展，以及提高教师的基础理论水平和组织、实施体育课程教学能力，都具有重要的参考意义和实用的价值。

1. 把握体育课程教学的基本要素，概括地认识体育教学规律和本质。体育课程教学是一个复杂的教学过程，涉及课程教学目标、任务、内容、方法、组织形式以及学生、教师等方面的因素，是由多个层次多因素所组成的综合体系。

了解与掌握体育课程教学的基本规律，清晰而正确地辨别各种教学现象特征与本质，合理组织与实施体育课程教学活动，正确地判断和评价体育教学工作是对从事体育课程教学师资的基本要求。我们必须了解、掌握与应用其中的主要构成要素，概括地认识体育教学的规律和本质，全面提升体育教师的专业基础理论水平，从根本上提高体育教师在体育课程教学实践活动中发现问题、分析问题、解决问题的体育教学

能力。

无论是对于正在进行体育教育专业学习的学生，还是对于已经在第一线工作的体育教师来说，学习、掌握和运用体育教学理论与方法，更好地掌握体育教学的基本规律和方法，都具有非常重要的参考意义和具体的实用价值。

2. 掌握与应用教学理论与方法，合理运用教学方法组织与实施教学活动。体育教学理论与方法是一门实用性较强的课程，它是在教育学、体育教学论、体育课程教学实践的有关理论与方法基础上，针对体育课程的具体实情所进行归纳与总结的一门应用性学科。体育教学理论与方法的实用性主要表现在为学生提供系统教学理论、方法的同时，还为学生提供许多具体的教学活动实例分析，包括学生学习的理论与方法等都作了大量的实例分析和论证，掌握、运用体育教学理论与方法有利于提高体育教师和体育教育专业的学生的职业技能，提高体育课程教学质量。

（二）学习体育教学理论与方法的注意事项

1. 学以致用，带着问题学习，结合体育课程教学实践进行学习。体育教师和体育教育专业学生在学习体育教学理论与方法时，要根据体育课程教学实践过程，带着问题进行学习与实践，通过探讨和老师的指导与帮助，最后寻找出解决问题的方案，从而提高学习的质量，提高自己从事体育课程教学的职立业技能和培养发现问题和思辨问题的能力。

在学习体育教学理论与方法的过程中，结合体育课程教学实践进行学习，将体育教学理论与方法所论述的摹本概念、原理及其方法的学习与课程教学实践活动紧密地结合起来。学习体育课程教学理论与实践的过程中，根据体育教学理论与方法精选的体育教学范例阐述与分析，让体育教师和体育教育专业学生通过学习该课程的过程，能够清楚地掌握、运用体育课程教学的基本理论与方法进行体育课堂教学。

2. 注意掌握基本概念、基本原理和方法，结合体育教学实践进行学习。在学习体育教学理论与方法时要注重理解与运用基本概念和基本原理。基本概念是体育课程教学理论与实践课程的知识要点，基本原理是构成体育课程教学理论与实践的基本内容和组合板块。体育教学理论与方法是实用的教学科学。通过对课程教学理论的学习，观看优质示范课，上公开课、参加教学实习等活动获得对体育教学实践活动的感性认识，加深对体育课程教学中所出现问题的理解与联想。通过创设典型的教学情境进行学习，将教学理论、方法的学习与教学实践活动进行有机结合，注重职业技能的培养，促进教学能力的提高和发展。

（三）学习体育课程与教学论的目标

在高等师范院校体育教育专业开设体育课程与教学论课程，学习该课程的目标任务是：使高师院校学生在学习教育学、心理学的基础之上，进一步比较系统地掌握体育课程与教学论的基础知识、基础理论，体育教学的基本技能和基本方法。以一名合格的中小学体育教师的身份来看体育课程与教学论的课程目标，可以具体分解为以下方面，并在这些方面让学生得到统一和谐发展。

1. 体育课程与教学论基础知识方面。（1）了解体育课程的基础知、新课程理念，掌握中小学体育课程目标，学习用新课程的理念和课程目标指导与评价自己的学习与教学实践。（2）初步掌握中小学体育课程的知识内容和结构体系。（3）初步掌握中小学体育学科特点与教学特点，以及学习该门学科的态度和方法，能从体育学科特点出发指导自己的学习与组织教学。（4）认识与理解体育教学的一般原理与规律，学习体育教学的一般原理与规律指导自己的学习与教学实践。（5）初步掌握体育教学的常用方法与主要模式，选择和使用体育教学方法与模式于教学实践中。（6）了解现代先进的学习理论，能用现代学习理论指导自己的学习和教学实践。

2. 体育教学基本技能方面。（1）掌握体育课堂教学的基本知识和技能，组织自主学习等课堂教学片的基本技能。（2）熟练掌握体育教学设计和教学方法以及各种体育教学策略。（3）掌握体育教学的组织以及教学手段的运用，能熟练地运用现代教育技术等辅助体育教学。

3. 体育教学、课程开发及教学研究能力方面。（1）能初步分析教材，设计教案，预设教学过程。（2）能初步运用课堂教学技能，组织与管理课堂教学。（3）能分析运用先进的教育思想和教学理论，掌握基础教育课程改革的理念，指导课堂教学一对一。（4）初步学会运用多种教学评价方式实施体育教学评价。（5）初步学会校本课程开发、体育课程与教学资源的开发与利用能力。（6）初步学会选用合适的研究方法，进行体育教与学的初步研究。

4. 体育教师专业情意方面。（1）赞赏体育教师。热爱体育教师职业，树立献身体育教育当作自己的理想。（2）初步养成良好的教师职业道德和职业习惯，具有做一名优秀体育教师的信心。（3）具有乐观向上、不断改革和创新体育教育教学工作的远大志向。

（四）学习体育课程与教学论的方法

体育课程与教学论是一门理论与实践相结合的学科，好的学习方法可以起到事半功倍的效果。掌握基本理论知识、关注体育教学实践、注意拓展学习是学习体育课程与教学论过程中的三个基本方法，但这三个基本方法不是彼此孤立的，而是互相联系、统一于实践问题之中的。

1. 掌握基本理论知识。理论知识可以帮助我们了解体育课程与教学相关问题的理论框架，体育课程与教学论的理论知识是在实践中反复探索形成的。学习理论知识时，要注意掌握体育学科的基本结构。位于体育学科基本结构体系中的各种概念、原理、方法和价值观，它们构成一个有机整体。

2. 关注体育教学实践。理论知识并非空中楼阁，也不是无源之水，而是从实践的土壤中萌发与生长的，不论是理论知识的学习，还是问题的发现与探究，都应该以关注实践为根本指导思想。因此，只有充分关注体育教学实践，才能使体育课程与教学理论融会贯通，并在实践的检验中得到不断发展。

3. 注意拓展学习。阅读母学科相关的名著：课程与教学论是体育课程与教学论的母学科。这些名著产生于特定的时代和历史背景，必然会留下时代发展的痕迹。体育课程与教学的问题是与本国的政治、经济、文化等有着密切联系的，有着自己的特色，但并不能为此而拒绝了解国内外有关体育课程与教学问题的现实状况。

第二节　高校体育课程与教学目标

一、体育课程与教学目标概述

体育课程与教学目标是体育教学理论中的核心内容之一，集中体现人们对体育课程开发与体育教学设计中的教育价值的理解，是教育目的在体育课程中的具体化。

（一）体育课程目标与体育教学目标的意义

1. 体育课程目标和体育教学目标意义。体育课程目标和体育教学目标是体育课程和体育教学理论与实践中非常重要的问题。体育课程目标是指在一定的教育阶段，体育课程力图促进学生身心发展所要达到的预期程度或标准。标准功能是指体育课程目标对体育课程的检查、评估产生的标准作用。

具体而言，体育课程目标有以下主要作用：第一，为体育课程内容和体育教学方法的选择提供依据。第二，为体育课程与教学活动的组织提供依据，把体育课程组织成什么样的类型，把体育教学到组织成什么样的形式，在某种意义上取决于体育课程的目标。第三，为体育课程实施提供依据。体育课程的实施过程就是实现体育课程目标的过程。第四，为体育课程评价提供依据。体育课程目标指向的是体育学习中不同方面的"一般反应模式"，体育教学目标则指向体育教学过程中的具体行为方式。体育教学目标是指体育教学主体预先确定的、在具体体育教学活动中所要达到的、利用现在技术手段可以测量的教学结果。体育教学目标是课程目标的进一步具体化，并由教师根据有关教育法规、《课程标准》和各方面实际情况制订，是指导教学活动设计、实施和评价的基本依据，对教学活动具有导向、指引、操作、调控、测评等功能。教学目标通常在"单元"或"课"的教学计划（方案）中按照课程目标方面分别陈述。

2. 体育课程目标与体育教学目标的关系。在学校具体的教育实践中，课程和教学是学校教育的两个重要组成部分，也是不可分割的两个部分。体育课程目标与体育教学目标并不是相同的，它们之间既有联系，又有区别。体育课程目标和体育教学目标的联系：第一，相对于各级各类学校培养目标和学校体育目标而言，体育课程目标和体育教学目标都是子目标，体育教学目标的制订与体育课程目标的制订都必须以学校培养目标和学校体育目标为依据。第二，体育课程目标与体育教学目标之间有着纵、横两个方面的联系。体育课程目标的实现有赖于体育教学目标的实现，或者说体育课程目标是确定体育教学目标的重要依据。第三，体育课程目标和体育教学目标之间有一个衔接点，这个衔接点就是体育课程的水平目标和体育教学的学年教学目标。学年体育教学目标实现了，体育课程的水平目标也就实现了。

二、体育课程与教学目标的结构与制定

（一）体育课程目标的结构

体育课程目标是有层次结构的，不同的层次结构发挥着不同的功能。对同一层次的目标而言，还存在着不同学习方面和学习水平的区分。

1. 体育课程目标的纵向层次。体育课程目标在垂直向度上具有层次性、线性、累积性的特点。有的学者认为，根据课程目标的不同层次关系，可以依次将课程目标区分为以下不同的层次：课程的总体目标——教育目的；课程的总体目标的具体化——培养目标；学科领域的课程目标；学科领域的课程目标的具体化——教学目标。像一个金字塔顶层目标是抽象的、整体的、普遍性的目标，底层目标是具体的、分化的、特殊的课程目标，数目繁多、底层目标逐步达成之后，课程总目标也就得以达成。体育课程目标体系由体育课程的总目标、体育课程的学习方面目标、体育课程的水平目标和体育教学目标四个纵向层次构成。

体育课程的总目标面向某个教育阶段的全体学生，是特定教育阶段大多数学生通过自己的努力都能够达成的体育学习目标。学习方面目标是指期望各个学习方面达到的相应水平。如我国全日制义务教育《体育与健康课程标准》改变了传统的按运动项目划分课程内容和安排教学时数的框架，拓宽了课程学习的内容，将课程学习内容划分为运动参与、运动技能、身体健康和社会适应五个学习方面。

体育课程的水平目标。体育课程的水平目标是指不同年龄（学段）学生在各个学习方面中预期达到的相应水平。体育课程水平目标目的是为了在一定的阶段内，更好地加大教材内容的弹性，以满足学生、学校的不同特点、条件及实际需要。新中国成立以来我国传统体育教学大纲中对学段的划分基本上采用的是小学、初中、高中、大学四段法。新的课程标准则把小学阶段进一步划分为三个水平：水平一（一年级至二年级）、水平二（三年级至四年级）、水平三（五年级至六年级）。每个水平规定了相应的教学目标，其他学段的学生也可以将高一级水平目标作为本阶段学习的发展性学习目标。

体育教学目标。尽管学科领域的课程目标有细化和可操作性的趋势，但仍然是总体性的或阶段性的一般目标作为一期的某一教学单元以至某一节体育课，通常称为单元或课的教学目标。体育教学目标实际上是体育课程目标的延伸，包含在体育课程目标体系之中，是体育课程目标体系中不可缺少的重要组成部分。这一层次的目标通常分析到操作化的程度，往往与具体的情境联系在一起，对体现较抽象的课程目标的结果给予明确的界定。体育教学目标由学年（学期）体育教学目标、单元体育教学目标、课时体育教学目标构成其基本结构。

2. 体育课程目标的横向关系。课程目标的横向关系实质反映了各种目标的区分及其相互关系。像教育目标这一层次上，我国通常用德、智、体或德、智、体、美、劳来划分目标领域。无论怎样划分目标领域，各领域对总的目标来说都应当具备逻辑上

的合理性，他们彼此之间在相互关系虽然可能是并列和平行的，但它们之间必须是一个相互联系的整体。

3.体育教学目标的层次。学年体育教学目标、单元体育教学目标、课时体育教学目标建构了体育教学目标体系的纵向系列。上位目标与下位目标相互呼应、彼此衔接，在体育教学活动中引导着学生的发展方向。

学年体育教学目标是根据"学段体育教学目标"确定的，是对该学段内每个学年体育教学活动的分解与不同要求。学年（学期）体育教学目标，在性质上属于计划性的，通常根据体育课程的总目标和水平目标的要求、各个学校的实际、学生的兴趣与爱好及体育课程内容的特点等来制订，一般出现在学校的体育教学计划中。

单元体育教学目标。单元是指"各门课程教学中相对完整的划分单位，反映着课程编制者或教师对一门课程及其概念体系结构的总的看法。单元体育教学目标就是依据"年级体育教学目标"和学期教学的分配计划。单元体育教学目标，主要依托各个体育课程内容，如某个运动项目的特性来制订，即不同体育课程内容的不同价值、功能、特点等，决定了其教学目标也是不同的。

课时体育教学目标，也称为体育课堂教学目标，在性质上属于操作性的，是最微观层面的体育教学目标。课时体育教学目标，是由每堂体育课具体的教学内容以及学生具体的学习特点和需要所决定的，同时还要考虑一堂体育课的具体教学时空情境和条件（或具体的体育教学环境）等因素，其体现在体育教师的教案中。体育教学目标是一所学校在确定体育课程实施方案并制订单元为基础的全年教学计划以后，由任课教师制订的，是教师制订学段体育教学目标、学年（学期）体育教学计划、单元计划和课时计划的根据。其实一堂课是最基本的教学单位，却不一定是一个完整的基本教学单位，因为一堂课不能把一个教学系列完整地教给学生，有时只完成其中一部分。现代教学理论对学生的认知性学习在体育教学中越来越被重视，而作为认知性学习基础的发现式学习法或假说验证式学习法都是一个较长的学习过程。因此，我们认为单元教学的改革是现阶段我国体育教学改革的重要突破之一，在改革的新形势下我们应当更为重视单元教学计划的构建和单元教学目标的制订。

（二）体育课程目标的制定

1.体育教学目标制订的依据。学校体育的功能影响着体育教学目标维度的确定、体育教学目标的制订。

应突出其增强体质、促进身心健康、发展体能的本质功能。随着对学校体育多向功能的挖掘教学目标的维度也将趋向多元化。学校体育目标体现了我国的教育、体育有关方针和政策的根本精神，是制订体育教学目标的重要依据。每一上位目标都是其下位各层次目标的累积，每一下位目标必是其上位目标的细化，因此，制订教学目标时，应以其上位目标，包括学校体育目标为依据。体育教学目标的制订必须立足于对教学内容的认真分析，确定教学的重点和难点为建立体育教学目标奠定基础。体育教学的对象是学生、体育教育目标必须根据青少年生长发育的不同阶段、不同时期身心发展的特点及其规律提出相应的目标。需要说明的是，目标的制订在考虑学生群体的特征时，还应充分考虑学生个体的差异性，使每个学生得到充分发展。教学条件是制约体育教学目标实现的重要因素。当前，各级各类的学校、城市与乡镇的学校，甚至同一地区的不同学校，条件都千差万别，发展不平衡。制订体育教学目标时，必须从实际出发充分考虑学校的客观条件以便使所设计的目标更符合实际，更具有可行性。

2.体育教学目标制订的原则。体育教学目标是由若干个具体目标组成的完整系统、各层次目标之间构成一个有机的的网络、它们纵横有序。这样纵横连贯的制订体育教学目标，才能保证体育教学的终极目标及其教育目的的实现和学校体育目的要求。体育教学目标的科学性体现在：体育学科的特点、要全面包括各个学习方面、根据教材的特点，突出重点和难点、具体、明确、可操作、难度要适中等五个方面。体育教学目标可以由师生根据体育教学实际情况灵活制订，其内容和水平可以有一定的弹性。灵活性的体育教学目标可以更好地适应学生的学习特点，使其通过体育教学目标的实现而获得身心方面更有利的发展。可测性原则。体育教学目标是对体育教学过程中学生身心发展状况的明确、具体、恰当的描述，而这种内心发展的状态是利用现有技术手段可以进行定性或定量测量的。发展性原则。体育教学的效果最终要落实并体现到学生的身上。体育教学目标的制订，要着眼于学生现有的发展水平和学习需要，获得健康完满的生活，并有能力从事终身体育。

3.体育教学目标制订的要求。要反映体育教学的发展趋势，从实际出发，考虑需要与可能。制订体育教学目标要从实际出发。全面准确地掌握学校体育教学内部与外部条件及环境，将需要与可能结合起来，才能制定出科学的体育教学目标。制订体育教学目标时要系统把握，整体协调与衔接。体育教学目标应具有整体性、注意不同层次和序列体育教学目标的协调与衔接。体育教学目标只有形成一个纵横连接的网络系统，才能充分发挥体育教学目标的系统功能。制订体育教学目标时，体育教学目标的表述力要明确、具体尽可能量化。体育教学目标明确、具体、可量化，有利于加强体育教学工作的计划性，为体育教学实施，特别是检查与评价体育教学工作奠定基础。体育教学目标必须分解成细致的操作目标，才可使教学目标的要求落到实处。所以，体育教学目标的细目分解直接关系到体育教学效果的优化和体育教学质量的提高，每个体育教师都应该具备细目分解的能力。体育教学目标要有一定的弹性。体育教学目标受多种因素的影响制约，而诸多因素都在不断变化保持体育教学目标的稳定性是相对的，而体育教学目标的发展、变化是绝对的。

第三节 高校体育教学价值观与目标思考

一、高校体育教学价值观概述

从一定的角度来说，体育的历史就是体育观不断变革的历史。体育是什么？体育对个人和社会的发展有什么意义？对此问题的看法就是体育价值观。

（一）关于体育价值观的基本认识

体育价值观表现在对体育总体价值的认识。有人认为身体运动是下等人的活动，我国汉代就曾主张文武分治、文武分途。近现代对体育价值的认识已逐渐趋于一致，毛泽东也非常重视体育的价值，积极主张从事体育并身体力行。随着时代的发展、社会的进步，当代体育的价值观已由逐步表现出统一性，分歧转移到了对体育价值的具体选择上。

1.体育的发展过程是对体育价值的认识逐步深化的过程。它的发展历程与体育功能的扩展和对体育价值的认识的逐步深化总是紧密联系在一起的。从心理学的角度考察，人的所有行为的产生都有其心理依据，而需要是诱发动机和产生行为的动因。在古代，人类最开始的需要如果按照马斯洛的需要层次论划分的话，都是处于低层次的需要。因此，人们为了改善生存和生活条件，就必须传授和提高这些技能，这时体育的价值就开始显现出来，由此可见，体育的产生与体育的价值是密切相关的。

社会化程度的提高扩充了体育的价值。随着历史的进步、社会化程度的提高，人们的需要逐渐从低层次向中等层次发展。在满足这些需要的过程中，体育始终扮演着非常积极的角色，展现了它特有的价值。在几千年的中国历史中，虽然体育的发展也遭受过一些挫折，但它总是以其特有的魅力而保持着持续发展的势头。汉代末年，名医华佗还根据人体经络和血脉流通的机理，模仿虎、鹿、熊、猿、鸟的动作，创编了五禽戏，把医学和体育有机地结合起来，充分体现了体育保健和健身祛病的价值，进一步扩充了体育的价值。

社会文明程度的提高，使体育价值得到了更充分的体现。当人类进入现代社会后，随着社会文明程度的提高，人们在工作中减少了身体活动，体力劳动强度降低，脑力劳动强度提高，许多"文明病"应运而生。为了适应社会的竞争，提高生活质量，人们的体能需要保持，绷紧的神经需要松弛，所有这一切都可以借助体育得到解决。

两种体育价值观的比较：体育的变革在很大程度上都是体育价值取向的调整。这两种价值观都承认以体育动作为手段，可以实现体育的直接目标和间接目标。它们的主要分歧是：价值取向侧重于社会目标，还是满足行为主体的需要。

手段论价值观和目的论价值观的价值取向。手段论价值观认为：运动的目的是以运动为手段来培养社会所需要的人才，体育教学必须根据国家提出教学目标的需要来确定教学内容和设计体育方法体系，其价值取向的重点是因国家需要而规定的社会目标目的论体育观认为：运动的目的在于运动自身和以运动为手段，使作为运动主体的人得到满足。因此，在教学中就必须根据学生的需要提出教学目标，确定教学内容和设计体育方法体系，使教学手段与教学目标相一致，教学目标与主体需求相统一，这与当前教育界提倡的素质教育思想是吻合的。

手段论价值观和目的论价值观基本内涵的比较。手段论价值观和目的论价值观的主要分歧在价值的取向上，其焦点是在于侧重满足社会需要，还是满足作为行为主体的学生的需要。在行为主体的地位上，两种价值观也有所不同。目的论价值观认为：学生是体育教学活动的行为主体，教学活动要以满足学生的需求为目的。

在个体的发展方向上，两种价值观存在着类似于科学主义教育思想和人文主义教育思想的差别。手段论体育观关注的是运动技能的掌握和合理的运动负荷的影响。而目的论价值观恰恰涵盖了手段论价值观所忽略的范畴，不反对掌握适宜的运动技术、技能和承受合理的运动负荷。

在教学内容的选择上，手段论价值观强调的是体育内容自身的逻辑关系，奉行按部就班，讲究全面系统、整齐划一。目的论价值观在教学内容体系的构建上，主要是从学生的学习需求出发，根据学生实际和教学目标选择教学内容。

在课程结构上，因为手段论价值观追求运动技术的掌握和技能的形成，强调合理的运动负荷，所以一课程结构比较固定，组成课程的各个部分比较规范。而目的论价值观在学生掌握知识技能的基础上，重视态度和情意的培养。

体育价值观的选择。体育作为教育的一个组成部分，它的价值观的选择要受到教育思想的指导和约束。根据素质教育的内涵，在体育教学要求上，我们应该如何做呢？（1）要面向全体学生，使所有的学生的健康水平都能够得到提高、身心素质得到发展。（2）突出全面性。（3）突出主体性。给学生更大的活动空间，使之在兴趣爱好的培养、人格的完善、特长的发展等方面拥有充分的主动性，真正发挥他们的主体作用。（4）要突出发展性。奠定身心健康发展的基础，形成终身体育的能力。

从素质教育对体育的要求，我们不难看出，目的论价值观与素质论教育观更为吻合，这是我们今后学校体育的正确方向。

（二）体育教学的基本价值内涵

1. 从知识形态的转化来看体育教学的基本价值。通过教学活动使学生获得了他人总结的知识，这是古今中外一切教学活动的共同特征，也是实现其他教学价值的基础。这些需要教师根据学生的实际去挖掘、剖析，使之进一步升华。

2. 从教学的功能看体育教学的基本价值。体育教学的功能主要体现在两个方面：一是继承的功能。二是有效地促进学生身心的发展，具有发展功能。赞科夫认为："所谓一般发展，就是不仅发展学生的智力，而且发展情感、意志品质、性格和集体主义思想。"从教学的功能来看，体育教学的基本价值在于使学生获得知识、发展能力、形成良好的品格结构和掌握科学有效的方法。

3. 从素质的构成看体育教学的基本价值。构建学生相对完备的素质结构，是教学活动最根本的价值。有人把人才素质归结为德、识、才、学、体五个方面。其实，上述方面都不是孤立存在的，它们相互之间有着互相渗透甚至互相包容的关系，有些甚至互为条件，它们组成的基本因素归根结底还是知识、能力、品格和方法几个方面。体育教学作为一个发展身体，增强体质，传授锻炼身体的知识、技能、技术，培养道德和意志品质的教育过程，它在学生素质构建中除了具有其他教学活动共有的功能外，还为学生科学锻炼身体提供理论和方法的指导，使其增强体质、提高健康水平是其他学科所不能替代的。因此，体育教学对于学生素质的构建的价值也是非常重要的。

（三）现代体育教学价值的形成特点

体育教学能对人的生存、生活、发展和社会进步产生积极的影响，这是体育教学的价值所在，这些因素互相联系、互为条件，在体育教学过程中转化为过程价值，在教学结束后凝结成终极价值，从而使体育教学的价值得到完整的体现。

1. 体育教学价值的形成规律及内部关系。体育教学价值的形成规律实质上就是体育教学活动的规律，即体育教学过程中内在的本质联系。在这个过程中，学习必要的体育知识，树立正确的体育态度是形成教学价值的基础，它是通过认知来实现的。具备基本的体育能力是形成教学价值的重点，它是终身体育的基本条件，它的实现过程是一个有目的、有计划的培养过程，能力价值的实现有利于学生有效地进行自我锻炼，以促进身心的不断完善。体育教学的另一个重要价值是道德品质的养成和情意的发展，它的实现是一个潜移默化的过程。思想品德的养成和情意的发展，有助于前几项价值的实现，也有利于健康心理的形成。它们之间既有联系，又各有侧重，它们有机地协同和复合，才能促进体育教学价值的完整实现。

2. 体育教学价值的形成过程与特征。从体育教学的特点来看，体育教学的价值可以分为过程价值和终极价值。过程价值以终极价值为指导，而终极价值则是过程价值的集中表现。

体育教学的过程价值的形成。体育知识是一种复合形态的知识，许多体育知识的获得，必须通过感性的体验来予以验证和强化，因此，体育知识价值的实现依赖于讲授和实践的紧密配合。方法价值具有手段的特征，从体育教学价值实现的主体学生的角度来看，它主要侧重于学习方法和身体锻炼方法。学法是在教师的指导下，由学生根据主体需要、主体特征、主体认知特点去认识事物的途径。思想品德价值是体育教学的重要价值之一，它与其他各科教学具有共同的价值取向，都是为了个体的社会化提供明确的指导。品质的形成需要主体认识、情感意志和行为三个方面的协同发展。综上所述，体育教学的过程价值是体育知识的认知、体育能力的培养、体育方法的训练和良好品质的养成。

体育教学的终极价值的实现。体育教学的终极价值是通过体育教学的过程价值的升华而实现的，它主要体现为掌握体育知识技能，树立终身体育观念，为终身体育打好基础，完善人格个性，发展身心素质，提高健康水平，能与社会所需人才的相关素质结构相适应。因此，教师必须树立正确的体育教学思想和终极价值观念，并采用合理的教学设计，把价值观念融合在教学指导思想的教学行为之中，通过教学过程价值的形成，最终凝结成终极价值，以满足自身和社会发展的需要。

体育教学过程是一个体育教学价值凝结的过程，也是一个人才的相关素质形成的过程。体育教学最高的价值就在于共建良好的人才素质结构，这是体育教学最根本的价值观。这既是一个促进学生身心发展、提高健康水平、满足学生和社会需要的过程，也是一个为学生和社会的进一步发展奠定基础的过程，因此，体育教学的价值也在促进学生身心发展方面具有双向促进作用。

二、高校体育教学目标的结构与制定

（一）高校体育教学目标的结构

1. 体育教学目标与体育学科功能、价值的关系。体育学科的多功能。功能取决于事物的性质和特点，同理，体育学科的功能来自于体育学科自身所具有的性质和特点。

体育学科的价值。由于体育学科具有多样的功能和特征，使得体育学科具有了多方面价值取向多样性。虽然体育学科的功能是相对稳定的，但在不同的历史背景下和不同的国度中，体育学科的各个功能被不同程度地加以利用，体育学科被赋予各种各样的价值，此时，体育学科有些功能可能被忽视，这方面的价值也难以实现。

当然，人们在注重追求某种体育功能并努力实现某种体育价值时，也并不是绝对单一的，在多数情况下，人们是同时追求几种体育的功能，只不过是更注重、更强调某个功能而已。

体育教学的目标。不同时代的体育教育都有着独特的目标体系，这些目标是当时的社会对体育价值取向的具体化，也是对体育功能及重要性的认识。所以，无论是哪种体育形态，其体育教学的目标通常都不是一个，一般说来，从体育教学的第一目标的设定就可以大致看出该体育形态的价值取向，当然目标顺序与价值取向不完全吻合的例外也有。

2. 体育教学目标、体育学科的功能及价值之间的关系。功能是一个事物固有的、客观的属性；而价值是外赋的、主观的属性；目标则是根据功能进行价值取向后的行为效果指向。功能是事物固有的和客观的属性，而价值是外赋的和主观的属性，也就是说，一个事物即使具有这个功能，而人们如果没有看上这个功能，也不会把这个功能的实现作为目标；相反，一个事物不具有这个功能，即使人们非常希望通过这个事物实现这个功能，也是无济于事的。体育学科的功能不会有大的改变，但不同的社会和不同的历史阶段会有不同的体育价值取向，因此体育教学的目标会随着社会的变化与发展产生相应的变化。

3. 体育教学目标的外部特征。体育教学目标的外部特征是：属于体育教学目标内容以外的，但对体育教学目标内容具有规定性的那些特点及其标志。首先，体育教学目标是由多个层次的目标组成。所谓体育教学目标的功能与特性，是指各个层次的体育教学目标都有其独特的"功能"和"特性"。如果不明确各层目标的功能与特性，这层目标就会与其他层目标相混淆。我们也可以把"目标的功能与特性"理解为"目标的定位"或"目标的个性"。各层体育教学目标有着各自要解决的问题，因此各层的目标就有自己独自的"着眼点"，就是"围绕着什么来看目标"和"围绕着什么来写目标"的视角。学段体育教学目标面临许多的运动教材，因此不可能围绕某一个运动技能来写。单元体育教学目标是学段目标的下位目标，它也不可能围绕学段的发展来写目标，而它面临最清晰的对象是"在这个单元中，利用这个运动教材应该发展学生什么，能发展学生什么"。

4. 合理制定体育教学目标的意义。合理制订体育教学目标的意义主要体现在以下几个方面：（1）充分发挥体育学科教学的功能。只有合理地制订了体育教学目标，才能明确要实现那些体育教学的功能。如果乱定体育教学目标就不能充分发挥体育教学的功能，使目标偏离了体育教学的基本功能，因此也就无法发挥好体育教学的主要功能，使得体育教学的质量大为下降。（2）保障实现体育的教学目的。只有合理地制订了体育教学目标，才能稳妥地实现体育教学的目的。如使学生的体格强健是健身目的的标志；使学生每个单元每节课都能愉悦身心是促进学生运动参与的标志等等，体育教学目标是体育教学目的实现的标志。（3）确保层层目标衔接，最终实现总目标。如果错定了阶段体育教学目标，就使得阶段体育教学目标的总和不能等于总的体育教学目标，那么就意味着总的教学目标没有完成。正确地制订好各个层次的教学目标，是最终实现总目标的可靠保证。（4）明确和落实体育的教学任务。体育教学目标决定着具体的体育教学任务。因此，要有具体的体育教学任务来支撑目标的实现。好的目标有助于明确教学任务，体育教学目标是"的"，体育教学任务是"矢"，有了明确的目标，教学的任务才能"有的放矢"。（5）指引、激励教师的教与学生的学目标反映了人的愿望和努力方向。虽然体育教学目标并不完全是由任课教师和上课学生群体制订的，但合理的体育教学目标必定充分反映着教师的努力方向和学生的学习愿望。有一套科学合理的体育教学目标必定可以指引教师的工作，必定可以激励学生学习。

体育教学目标为教师指明了体育教学工作的预期成果，使他们清楚地知道自己工作的努力方向。在体育教学目标实现的过程中还会使教师受到鼓舞，实现过程中的困难也会促使教师去发现和解决问题，所以明确、具体而切实可行的教学目标，可以指引教师努力地工作。学习目标的不断实现会使学生受到鼓舞，实现过程中的困难也会使学生受到鞭策，明确、具体而切实可行的教学目标可以激励学生努力地学习。

（二）高校体育教学目标的创新发展

1. 中国体育教学目标系统的发展。多年来，可以说中国一直只有比较笼统的、指令性的"体育教学目的"，衡量体育教学质量也一直是依据《体育教学大纲》的要求进行的，各学段和各年级的教学任务也分不出阶段的层次。因此2000年以前的《体育教学大纲》以及《普通高等学校体育课程教学指导纲要》等教学文件中的目的和任务对体育教学的指导意义不强。归纳过去的体育教学目标系统的问题主要表现在以下几方面：（1）体育教学目的的表述不明确。（2）技能掌握和身体锻炼的教学任务不甚清楚。（3）各级学校的体育教学目的和任务之间的衔接不好，明显存在着体育教学目标的区分度不高的问题。（4）各级各类学校的体育教学目的和任务的重点不明确和缺乏特色。

中国体育教学目标系统发展始终面临的另一个问题就是怎样完成社会对体育教学的期待和要求。五十多年来，中国体育教学目标系统基本上反映出中国社会发展和学生个人发展对体育的要求。如何不断将时代对教育和体育的内在要求包容在体育教育目标中，是中国体育教学目标系统亟待研究的课题。

2. 中国体育教学目标系统的完善。自20纪90年代后期以来，中国对体育课程进行了大幅度的改革，2001年教育部陆续制订颁发了《普通高等学校体育课程教学指导纲要》和《全国中职学校体育教学指导纲要》等一系列文件。根据国家教育改革的总体要求，中国大中小学的体育教育逐步向体育与健康教育转轨。体育教学体系涉及了体能、知识、技能、兴趣、爱好、习惯、心理、交往合作、生活方式、生活态度等诸多方面的教育目标，并将各个教育目标分为五个领域，分出层次。中国新一轮的体育课程和教学改革，为重新思考和建立中国体育教学目标系统提出了要求并开辟了道路。新课标的目标方案中必然地存在一些不足，也面临着新的课题。

科学的体育教学目标系统的确立，必须遵循体育和教育的自身规律，要以"体"为对象，以"育"为目的，以身体锻炼为特征。符合体育的特质和内在价规律的体育教学目标系统，才会有助于形成对人产生价值和教育影响的体育教学，才能体现体育文化与教育的完美结合。可以预见，有关中国体育教学目标系统的研究必将随着新的体育教学改革，随着体育教学基础理论的不断完善而更加深入。教学目标朝着更具时代特征，更反映社会要求、更体现目标特点、更能指导教学实践的方向发展，是未来中国学校体育教学目标系统不断努力的方向。

第四节　高校体育教学内容体系构建

一、高校体育教学内容体系构建

体育教学内容是体育教学大纲规定的学习范围。我国体育教学内容包含理论和实践两部分。教材是一个知识技能体系，是联系教师和学生的中介，是学生主要的知识来源，也是学生身心发展的基础。从小学、中学到大学，教学内容均以体操、田径、篮球、排球、足球、武术、舞蹈、游泳、滑冰等动作项目为主体，尤其是田径和体操比重最大，这就是我们实践教材选择的基本范围。但事实却是这样的局面：到了大学，许多基本的运动技术没学好，身心发展目标的达成也受到影响；既不能满足社会主体的需要，也不能满足学生主体的需要。当然这些问题的存在不是说运动项目不能作为体育教学内容，任何时候这些竞技项目都是我们体育教学中的重要内容。关键是整个教学内容体系应该有一个合理的结构，这个结构要贴近社会和生活，符合学生的身心发展特点。因此，研究教学内容结构体系建立的理论，探讨体育教材选择的依据，对提高体育教学效果是十分必要的。

（一）体育教学内容的结构特征

体育教学内容的结构是指体育教学中特定的内容之间的分工配合。它必须既能满足社会的需要，又能满足作为教学主体的学生的需要。换句话说，就是学生对能满足自己需要的教学内容才能产生兴趣。因此，教学内容的优化组合是体育教学内容结构中的关键，而社会需要是社会对教育目标的要求。社会需要和学生主体需要具有统一性，但它们在满足的层次上、时间顺序上是不一致的，我们必须把握体育教学内容结构的基本特征。

1.体育教学内容结构的目的性。体育教学内容结构具有明显的主观目的性：当客观的需要和主观目的相一致时，所建立的体育教学内容结构才是合理的。首先，在不同的学习阶段，学生对体育教学内容的需要是不一致的。其次，体育教学的内容结构要有利于学生形成合理的认识结构、技术技能结构、能力结构和体育方法结构。例如在小学阶段，由于体育教学的目标主要是提起学生对体育的兴趣，发展他们的基本活动能力，培养自尊心和自信心，进行团队精神的熏陶。让他们在学习过程中去感受体育的乐趣，在集体练习中培养协作精神，在完成练习中树立自信。进入中学以后，体育教学目标提高了，侧重点有所改变，这时的教学内容结构就需要相应地进行调整。

2.体育教学内容结构的联系性。体育知识和运动技能的种类是极其丰富的，任何体育教学内容结构都只能包含其中的一部分。通过这些内容的教学，可以有效地扩大知识范围，打下良好的体育运动技术技能基础并建立良好的能力结构，为学生进一步的发展创造条件。体育教学内容结构的联系性表现在以下方面：

（1）具有横向特点的广泛性。身心的发展要求是全方位的，既包括保健、营养、卫生、锻炼原理、竞赛规则等基本知识，又包括促进身体发展的各种运动技术技能和练习方法。（2）具有纵向特点的复合性。体育教学内容要随着学习的进行逐步深化，这是教学的基本规律。但是体育教学目标是多元化的.它的实现依赖于多种教学内容的综合效应。复合性和广泛性的结合，可以提高体育教学内容结构的全面性和协同性，教学内容的广博性和教学内容之间的联系性对于学生创造性的发展也是非常有利的。

3.体育教学内容结构的相容性。体育教学内容结构的相容性表现在体育教学内容结构内部相互渗透、彼此贯通。作为一个知识结构，体育教学内容结构应该是纵向联系、横向相关的，这种结构内部互相关联的特性，必然要求不同的内容之间彼此相容。体育教学内容结构的相容性使教学内容的选择具有更大的灵活性，体育知识技能具有更强的综合性。

4.体育教学内容结构的动态性。体育教学内容结构要跟上体育科学的发展步伐，符合社会发展的需要，就必须具有动态性。这些新的知识必然要及时在体育内容结构中反映出来。社会对人才素质的要求是不断变化的，例如，现代社会的快节奏、高竞争性的特点，对人才的竞争力、创造力和良好的心理素质有了更高的要求。因此，体育内容结构总是处在一个动态的变化之中。

5. 体育教学内容结构的实践性。体育教学内容以实践为主，这是体育的本质属性所决定的。活动性内容应以在实践过程中对身心健康水平的良性影响为依据，换句话说，就是要考虑它对体育教学目标的贡献。使之既能产生教学内容体制改革具有的个别优势，又能形成多种内容结合而成的结构优势。

（二）体育教学内容选择的原则

体育教学内容非常丰富，而真正作为教学内容的，仅仅是其中的一部分。我们应该遵循以下原则：

1. 实践性和知识性相结合的原则。实践性和知识性相结合是由体育的本质属性所决定的。通过实践，要使身体的大肌肉群得到活动，各内脏器官系统得到锻炼，同时体验到体育的乐趣，这些都是以体育教学内容作为媒介来实现的。知识性主要体现在为什么做、怎么做和为什么要这样做上，这固然要通过基础理论内容来讲授，但更多的是在实践中体验、理解，通过运用来强化。体育教学内容发挥的作用就是将实践与知识连接起来。

2. 健身性和文化性相结合的原则。健身性是体育教学区别于其他教学的显著特点。文化是人类认识世界、改造世界和适应环境的产物。健身性和文化性相结合，就是体育教学内容既具有良好的健身价值，又具有丰富的体育文化内涵。

3. 民族性和世界性相结合。体育的形式和内容总是与一些国家或地区的民族文化传统和民族习俗有关的。例如，我国的武术、日本的柔道、希腊的马拉松、欧洲的击剑等，无不具有鲜明的民族色彩。体育教学内容仅强调民族性是不够的，任何民族，无论多么优秀，在发展过程中总会受到来自方方面面、形形色色因素的约束，总会具有一定的片面性。因此，体育教学内容必须体现出民族性和世界性相结合，既要在保留优秀的民族体育内容的基础上，又要充分吸取来自世界各民族的优秀体育内容，将它们融合在一起，使之形成一个优势互补、功能齐全的体育教学内容体系。

4. 继承性和发展性相结合。继承优秀的传统文化是教学的重要功能。体育教学内容的选择无疑是要吸收我国历史悠久的传统体育内容，这就是体育教学内容的继承性特点。文化的继承是有选择的、批判性的，对于传统体育内容，我们在有选择继承的基础上进一步丰富其内涵，在保留其原有特点和精华的前提下剔除那些不健康的东西，使其更具有时代气息，这就是体育的发展性特点。

5. 统一性和灵活性相结合。体育教学内容要面向全体学生，它必须有基本的要求，有一个相对统一的标准，使体育教学有一个较为规范的目标。我国地域辽阔，各个地区的条件不一致、发展不平衡，教学的相关基础不在同一起点。即使是处于同一个教学阶段的学生，都会表现出明显的不同特点，因此，教学内容必须根据教学条件和学生特点，兼顾统一性和灵活性，才能有利于促进学生身心全面发展。

二、教学内容的特性发展与变革

（一）体育教学内容的特性

1. 体育教学内容与教育内容的共性。由于体育教学内容是教育内容的一个有机部分，因此，它首先具有与教育内容共有的特点，这些特点是：（1）教育性。体育教学内容的教育性体现在：对学生的身心发展有好处；摒弃了落后的东西（如赌博、伤害性搏斗等；既有冒险性又比较安全；适合于大多数学生；避免过于功利性等五方面的原因。（2）科学性。由于体育教学内容是在学校进行的有目的有计划的系统的教学内容，因此，需具有很强的科学性。体育教学内容的科学性主要体现在：具有丰富内涵，是人类文化和科学的结晶；科学和文化含量高；内容的编制和教学遵循有关教学内容编制；系统性。体育教学内容的系统性表现在：体育教学内容本身的系统性，以及根据教育的目标、学生不同年龄阶段的生长发育特点、教学环境和教学条件，认识体育教学内容的内在规律性特点，逻辑地安排各个学校、各个年级的教学内容，并处理好他们之间的相互关系。

2. 体育教学内容的特性。体育教学内容除了在上述三点与其他教育内容具有共性外，还具有它的特性。体育教学内容的特性有：（1）运动实践性。运动实践性是体育教学内容的最突出的一个特点。体育教学内容与体育实践活动密切相连，受教育者本人必须在从事这种以大肌肉群运动为特点的运动时才可能真正学好这些内容。当然体育教学内容中也有知识和道德培养的内容，但是体育内容中的知识学习和道德培养，也必须是通过运动学习和实践体验，这一点与其他学科的教育内容形成鲜明的对比。（2）娱乐性。体育教学内容来自于各种身体活动，而这些身体活动的绝大部分又是来自于人的娱乐性运动，所以体育教学内容自然内含着运动的乐趣和娱乐性。体育教学的效果也受到体育教学内容娱乐性的影响，这也是体育教学内容与其他文化课内容的重要区别。（3）健身性。由于体育教学内容中的很大一部分是以大肌肉群的运动为形式的技能学习与练习，体育教学内容的学习就必然会对身体形成一定的运动负荷，参加体育教学内容的学习和练习时，都会对身体产生锻炼的作用。针对这样的情况，在教学实践中有很多追求体育教学内容健身性的努力，如在编制体育教学内容时根据受教育者不同的身心特点将这些健身作用进行科学化的设计和控制、在教学过程中对运动负荷大小进行合理安排等，可以说，体育教学内容的健身性特点是其他教育内容所不具备的。（4）人际交流的开放性。由于体育教学内容多是以集体活动的形式来进行的运动的学习和竞赛，而运动是以位置的变动方式来进行的，因此体育教学内容与其他教育内容相比具有更明显的人际交流的开放性。体育教学内容以这种人际交流的开放性为基础，使得体育教育内容的学习过程中的师生、生生之间的关系更加密切、开放。体育学习中的各种角色变化远远多于其他学科的学习。（5）空间的约定性。体育教学内容还有一个"空间约定性"的特点。这是因为有很多运动是在固定的场地上进行的，甚至是以场地来命名的。由于体育教学内容的空间制约性，使得体育教学内容对场地器材具有很大的依赖性，使得场地、器材、规则本身也成为体育教学内容的重要组成部分。

（二）体育教学内容的发展与变革

1. 体育教学内容的变迁与改革的课题。我们从100年以来的几个历史阶段来看体育教学内容的变迁，可以看出体育教学内容有以下的变化趋势：首先，随着现代竞技体育运动的兴起和普及，正规的竞技体育运动正逐渐代替乡土性的体育教学内容；其次，体育教学内容的数量在减少，但难度有所增加；再次，体育教学内容中的娱乐因素逐渐减少；最后，体育教学内容所需要的运动器材越来越正规化。

由于上述这些变化，使得体育教学内容出现了单调、锻炼性强、要求教学规范化和场地器材条件高的趋势。由此而形成体育教学内容改革与发展的课题是：（1）改变体育教学内容趋于单纯的锻炼和达标相统一的趋势；（2）解决体育教学内容与学生社会体育活动之间的差距；（3）要解决学生因体育教学内容缺乏娱乐因素而不喜欢体育课的问题；（4）要解决与体育教学内容难度有关联的问题；（5）要解决乡土教学内容的开发不足和体育教学内容民族化的问题。

2. 学生对体育教学内容改革的呼唤。现在，许多学生对体育教学内容有所不满。学生对体育教学内容的意见，概括起来有以下几点：（1）总体上感觉体育教学内容枯燥。（2）对生理感受很痛苦的某些教学内容，有强烈的惧怕和反感。（3）对一些还不能理解教学内容意义，教学形式上又比较枯燥的内容比较反感。（4）学生对体育教学内容被达标项目所替代的现象很反感。（5）透过教学内容的单调和平庸学生形成对体育教师的不良印象。（6）学生对一些运动希望有一个较长时间的学习过程。

3. 体育教学内容改革的方向。从上面的分析可以看出：现在体育教学内容的改革已是体育教学改革的一个最重要的方面，也是当务之急。教学改革应如何进行，朝着哪个方向进行，可以从对过去教学内容的缺陷和新的体育教学理念上来寻求答案。过去的体育教学内容存在以下5个方面的缺陷和不足：（1）教学内容的设计反映以学生为主体不够。（2）过去确定体育教学内容时，只考虑到体育教学内容体系的完整性，对开放性和现代性重视不够。学生喜欢的内容由于受到各种条条框框的限制，难以选进教学内容。（3）确定教学内容的时候，没有处理好统一性和灵活性的问题。（4）体育教学内容偏多。（5）体育教学内容规定得过死。体育教学内容没有很好地体现体育教学目标。有学者认为今后体育教学内容的改进有以下几个方面：首先，以学生为本；其次，教学内容弹性更大；再次，明显淡化了竞技技术体系；再次，教学内容更加概括，给教师和学生留出广阔的空间；再次，基本体操删去了大部分体育教学中不常使用的队形和队形变化的内容；最后，增加女生喜爱的韵律体操和舞蹈内容。在过去的体育教学中，体育锻炼的手段和方法限制得比较死，我们选择了一些锻炼手段，让所有的学生都围绕规定的手段进行锻炼。现在的内容设置更多地考虑以学生为主体，进行了弹性的设计。当然，由于场地设施、师资等条件的限制，目前还不可能做到适应每一个学生的需要。"放开"是可供选择，给一个"菜单"进行选择，但菜单再大，也有一个基本范围。

关于预测未来的体育教学内容改革：体育教学内容会更加多样，学生和教师选择体育教学内容的权限更宽，教学内容总体丰富多彩。体育教学内容改革和《学生体质健康标准》的共同进步使体育教学内容摆脱"达标课"的困扰，体育教学内容将真正成为学生喜欢的、并达到身体锻炼目的的真正有用的东西。

4. 体育课程与教材的选用。课程问题是任何一种学校教育的核心问题。这是因为课程集中体现了教育的要求、具体反映了教学内容，而且还是教育质量评估、教学水平评价的重要依据之一。仅从一个角度去评价体育课程，选择体育教材显然是不可取的。我们还应该看到，教材有一个合理的排列组合问题，即纵向组织原则和横行组织原则。教材的选择具有多样性。这种多样性不仅来自于学生身心需要的多样性，也来自于身体练习的多样性，那种"唯一"或"最好"是不存在的。而且体育对于健康教育内容的科学性、灵活性和多样性，给了体育教师在选用教材时更多的自主权、更大的余地。教材要多样化和具有开放性，要突出重点，不求面面俱到。处理好各水平阶段的纵向衔接与其他学科的横向联系，避免重复，同时注意在继承优秀传统体育文化的基础上吸收现代体育文化。体育教材应突出如下特点。体育与健康教材应突出健身性。健身性是体育的本质属性。体育教材的选择要突出健身性，表现在以下几个方面：（1）要考虑教材的健身价值不同的教材，练习的效果往往是不一样的，同样的教材对不同的对象在效果上也会不同。但是在实际运用中，它对高中生锻炼效果较好，但对小学生却不一定好。因此，教材的选用要根据特定对象进行。（2）要考虑教材对心理的影响。选用的教材要有利于培养学生顽强的意志、健康的个性和积极向上的心理品质。（3）要考虑教材的优化功能。一般情况下，只要合理运用，体育教材都有健身的作用。运用时要争取优选出最具健身效果的教材。有两层含义：其一，要注意教材本身的健康价值；其二，要注意教材搭配所产生的最佳效果。

体育与健康教材要注意文化性。体育是人类所特有的一种社会活动，它具有继承性、民族性、时代性、世界性等文化特征。注意教材的文化性也就是要考虑体育教材的文化特征，即要注意对优秀传统教材的继承，使教材体系更具有时代气息、更加完整；使学生能形成正确的体育价值观念、良好的体育道德和符合时代要求的体育行为规范，实现身心的健康发展。

体育与健康教材要增强娱乐性。体育教学的主要目标是树立终身体育意识和形成终身体育能力。第一，体育教材的娱乐性是引起学生体育兴趣的重要因素。第二，体育教材的娱乐性有利于学生体验到体育运动的乐趣，领略到体育魅力。第三，通过参加具有娱乐性的体育运动，能使学生精神愉悦，有利于缓冲学生的紧张情绪，更好地提高学习效果。

体育与健康教材要具有典型性。体育教学的内容非常丰富，教材不但类别多，同类教材项目也多。因此，我们选择的体育教材应具有典型性。典型性表现在以下三个方面：（1）在能满足达成同一教学目标的各类教材中，选择最有代表性的教材。（2）在达成同一目标的同类教材中，要选择最具代表性的教材。（3）选用的教材在同类教材中，在技术结构或身心发展上具有代表意义。体育教材是学生学习体育知识、提高健康水平、培养终身体育意识和能力的载体。体育教材的实用性表现在以下几个方面：（1）体育教材对于激发学生的体育兴趣、掌握体育知识、培养体育能力、体育方法的训练和身心发展有积极的促进作用。（2）选用的教材在教学中要有适宜的教学条件作保证。使他们乐意将教材内容作为终身锻炼的手段，为其树立终身体育意识和培养终身体育能力奠定良好的基础。（3）选用的教材对于体育教学目标的实现有较高的价值。

　　体育教材要体现时代性。体育是一种社会活动，它是随着人类社会的发展而发展的。以现代奥运会为标志的竞技体育，每四年都要展示一些新的项目就是证明。

第二章 "互联网+教育"的时代背景

信息技术推动了社会历史变迁，使我们从工业文明进入了信息时代，信息社会对个性化人才和创新型人才的需求呼唤教育的变革；信息化的社会环境改变了教育教学所处的外部生态环境，使教育教学系统与整个社会大系统之间的相互关系发生了变化。互联网将全世界的智慧和知识联结，实现了人类历史上前所未有的资源整合，开启了教育变革的大门。互联网教育是教育信息化现阶段的主要形态，它如何在社会和历史的大变革中推动教育的变革？要回答这一问题，首先要把视野转向正处在以互联网信息技术为代表的先进生产工具大变革的当今世界。

第一节 社会体系的变革对教育体系的冲击

生产力发展引起生产关系的变革，教育是生产关系的一个组成部分，每一次由生产力的发展引发的社会变革都会对教育产生深刻的影响。以互联网技术为代表的新技术的进步带来了生产力发展，引发了社会的变革，社会体系的变革不可避免地给教育体系带来冲击。一方面，社会历史变迁对教育教学提出了变革的新要求；另一方面，科技进步为教育教学的变革提供了新手段。这两个方面叠加在一起，构成了推动教育教学变革的外部动力。新技术在教育教学系统内部的扩散也具有颠覆性，互联网教育带来教育变革的内部动力正源于这种新技术在教育系统内部的扩散，而其核心表现就在于重构了教育教学系统内部各要素之间的关系。

一、生产力的发展引发社会体系的变革

生产力发展引起生产关系的变革。我们知道，任何社会的发展和变化都是从生产工具的发展变化开始的，生产工具的大变革必然引发生产力的大发展。当今世界正处在生产工具大变革的时代，以互联网信息技术为代表的新兴和先进的生产工具的诞生与发展，极大地提高社会生产力和社会劳动效能，同时也引起劳动对象和劳动者素质的深刻变革和巨大进步。生产力中包含着科学技术，科学技术是先进生产力的集中体

现和主要标志，是第一生产力。2015年3月，国务院总理李克强在政府工作报告中提出，要制定互联网+战略。网络信息时代的到来，渗透和影响到我们生活的方方面面，对我们的生存状态产生深远的影响，改变着我们的生产方式、生活方式、交往方式等等外在的行为方式，甚至我们内心深处的思维方式。它像空气、阳光和水一样，成为我们必不可少的生命元素。互联网最核心的地方在于突破时间和空间的界限，由此对人类的生活方式和生产方式产生极为深刻的影响，它极大地提高了效率、降低了成本。然而，互联网带来的更大变革和深远影响不仅仅于此，而是来自思维方式的变革，是一种全新的思维模式。互联网如此深刻地影响了我们的生产方式和生活方式，这是时代之变革，是社会之发展。教育是生产关系的一个组成部分，每一次时代变革都会对教育产生深刻的影响。一方面，社会历史变迁对教育教学提出了变革的新要求；另一方面，科技进步为教育教学的变革提供了新手段。这两个方面叠加在一起，构成了推动教育教学变革的外部动力。

二、社会对人才的需求呼唤教育变革

信息社会对人才的需求呼唤对教育的变革。在当今社会，人才成为各国竞争的核心。各种高级人才成为了世界性的核心资源和各国竞争力标志。社会发展的一个必要条件就是要拥有各种类型的创新型人才，以及拥有终身学习能力的人才。

首先，信息（知识）社会对个性化人才的需要。第一次工业变革和第二次工业变革中以"规模化、大批量、标准化"为特征的生产方式将发生颠覆性变革，在新的生产方式变革的趋势下，以"个性化、定制化、网络化生产"为特征的家庭工厂将取代庞大的规模化工厂。这种新型的数字化制造模式和发展模式，需要大量的适合信息时代的高素质人才。教育自第一次教育变革以来，走完了从个别化到个性化，再到以班级授课制为核心的规模化、批量化、科学化的发展之路。进入20世纪后半叶，这种规模化的学校教育的各种弊端涌现，特别是当今的教育，面临着第三次工业变革的冲击，为了适应新形势的发展需要，教育迫切需要发生新的"变革"。

其次，信息（知识）社会对创新型人才的需求。互联网教育在创新型人才培养方面更容易接轨。目前教育变革面临的问题很多，但最突出的还是在培养与信息时代接轨的人才问题上，特别是针对"钱学森之问"，如何培养大量高素质的劳动者和创新型人才，还有很远的路要走。信息技术带来的变革将给人类社会带来全方位的冲击，这种冲击同样将集中反映在如何培养出信息时代所需要的创新型人才上。

再次，信息（知识）社会中人们对教育的需求。现有的教育体系不能够满足信息（知识）时代人们对灵活多样的、优质的、终身教育的需要。互联网深刻影响着教育的理念、模式，既为传统教育带来了前所未有的机遇，也提出了前所未有的挑战；既有互联网信息技术驱动和催生着教育的变革和革新，也有互联网信息时代对教育提出的新要求。

三、教育系统变革的内外动力

站在历史的长河回望，互联网只是一个新生事物；站在现实的视角感叹，互联网已经成为新引擎；瞭望未来的方向，互联网定会带来新的希望。作为20世纪最伟大的发明之一，互联网的诞生，给人类发展带来新机遇，也给教育的发展带来了新的机遇。

当今世界正处在以互联网信息技术为代表的先进生产工具大变革的时代，生产力发展引起生产关系的变革。教育是生产关系的组成部分，每一次时代变革都会对教育产生深刻的影响。以互联网为代表的信息技术推动了社会历史变迁，使我们从工业文明进入了信息时代，社会历史变迁对教育教学提出的变革的新要求集中反映在对人才的需求上——信息（知识）社会对个性化人才的需要。为了适应新形势的发展需要，教育迫切需要回归到个性化之路。未来教育在互联网和大数据的作用下变得越来越个性化，学习者对教育的选择更多样化和定制化。以互联网和大数据为代表的新技术是教育变革的技术推动力量。"微学位"、数字化学校、数字化教师和数字化课程、翻转课堂、游戏化学习、互动式新型媒体技术等全新教育模式的出现预示着，互联网时代的教育将实现教育从教学内容到教育方式的全方位的转变。互联网推动整个教育教学的范式转变与流程再造，改革具有整体性、综合性的鲜明特征。互联网时代教育的变革正源于外部动力和内部动力的共同作用。

互联网、大数据在教育教学系统内部扩散，重构了教育教学系统内部各要素相互之间的关系。互联网时代新的技术带来教学观的变革，教学过程的重组，教学空间的重构，教师角色的转变和教学模式的创新。互联网教育不仅重塑了教育教学系统的结构，而且改变了教育教学系统的过程与行为模式，效率不断增强，复杂程度不断提高，时空场景持续扩展，从而使教育教学脱胎换骨。新技术在教育教学系统内部的扩散构成教育系统变革的内部动力。

互联网实现了人类历史上前所未有的资源大整合，将全世界的知识和智慧连接在一个可以免费和共享的平台上，大大缩短了人类获取知识和资源的成本，并开启了教育变革的大门。随着可穿戴技术在教育领域的不断运用和普及以及数字化虚拟学习环境的实现，互联网将不断地推动教育的变革。互联网教育是互联网时代的教育，其变革的不仅仅是教学方式，还有组织模式和商业模式。技术在不断推动现代教育思想和教育理念与现代教育技术深度融合，倒逼教育理念和教育思想与时俱进，促使现代化的教育变革。

第二节 教育系统内的共融共荣共促

前面，我们看到了社会系统变革对教育系统的冲击，如果把目光转向教育系统内，可以宏观地感受到，教育系统内的变革正在发生；互联网教育促进了国民教育与终身教育的融合；打通了社会教育与学校教育；促进了教育公平，提高了教育质量。

一、互联网技术革新迫使教育系统变革势在必行

当前，人类社会已经进入了信息（知识）社会，互联网信息技术的迅猛发展导致了社会和产业结构发生剧烈变化。社会的发展对个性化、多元化、创新性的人才需求愈加迫切，教育目标、教师角色、学习环境、学习内容、学习方式都已发生或正在发生着重大变化，人们对通过教育改变未来生活所寄寓的希望日益迫切，教育变革比任何时候都显得更加重要。

信息社会是一个虚拟与真实交织在一起的世界，也是逐步走向智能和互联的世界，互联网将全世界的资源连接整合在一个平台上，并且这些资源是开放、共享和免费的。特别是2010年以来，云课程、慕课、移动学习、泛在学习、翻转课堂等新的教学和学习形式迅速遍及全球，引发了互联网教育变革的浪潮。互联网时代的教育已经与工厂流水线式的整齐划一的教育截然不同，个性化、虚拟现实、社区学习、分散合作式学习以及智慧教学等教学方式深入人心，"无时无处不在的学习""一人一张课程表""没有教室的学校"等新的教育形态不断涌现。

互联网技术革新迫使教育不再只具备工业化教育的传统职能，而是突破了学习时间、学习空间、学习内容、教师资源等限制，满足学习者的不同需要，可以更好地培养未来社会所需要的人才，以应对未来更加复杂的社会挑战。大数据、人工智能、移动互联网、云计算等新技术使得世界各地的学校能够便捷地共享资源，打破不同的学校之间、不同的学科之间的界限，教育的空间与机会得到了极大的拓展。时代的变迁和互联网技术革新迫使教育必须面对和思考如何在技术手段的支持下更好地针对学生个体学习水平、性格、兴趣、特长等开展个性化教育。与此同时，互联网教育对教师提出了更高的要求，教师不仅需要具备更加积极的态度、更具创新的理念，而且要在教学中融入更多的综合能力。

互联网作为一新生事物，在教育领域的应用可分为四个阶段：一是单项技术应用期，表现为技术和技术之间的关系。这主要体现在互联网等新技术作为教育工具初步在教育领域的运用，互联网和教育之间缺乏融合。二是综合技术的整合期，主要体现平台和平台之间的关系。平台与平台之间的互联互通有利于加强资源之间的整合。三是使用者的连通期，主要体现在教师、学生对各种教育教学平台的使用。四是群体的涌现期，体现的是教师和教师、教师和学生、学生和学生之间的关系，甚至从更广的视角来看，是人与人之间的关系。如教联网以智能感知、即时互动为纽带，把教学环境、教学者和学习者都紧密联系在一起，使物和物、人和人、人和物之间紧密相连。整个教联网是一个教育生态系统，系统环境中的人和人、人和物都相互依存，呈现出自组织的生命特征。从上述的四个阶段来看，电化教育、PPT课件等是工具与技术层面的变革，是单项技术的应用期；"三通两平台"、网络在线课程等是综合技术的整合期；慕课、翻转课堂等是教学模式的变革，是使用者的连通期；未来教育中教联网的实现将迎来群体的涌现期，实现互联网教育生态的形成。目前互联网教育还在发展之

中,一切皆需依赖时间的积累。

二、国民教育与终身教育的共融

国民教育体系主要包括学前教育、九年义务教育、高中教育、大学教育和职业教育。终身教育是面向社会全体成员一生的综合教育体系。通常来讲,终身教育分为五个部分:学前教育,基础教育,高等教育,企业培训,继续教育。对于不同的学习对象,只有互联网教育可以全面满足学习者的学习要求,按照不同学习者的年龄特征、学习要求,提供个性化的学习解决方案。互联网教育推动了国民教育与终身教育的融合,主要是基于以下几点:

互联网教育架起了教育共融的"时空之桥"。相对国民教育体系而言,终身教育体系则是在此基础上进行了时间和空间上的延伸,涵盖了诸如家庭教育、学前教育、九年义务教育、高中教育、大学教育、社区教育、社会教育、职业培训、兴趣教育等各个方面的教育,从幼儿期、青少年期到成人期和老年期,贯穿人的一生。互联网教育可以创造无所不在的学习环境,学习者不受学校规模、年龄、地点的限制,只要愿意学习,只要有一个普通的电脑连上互联网,就能学到想学的知识。互联网教育构建了一个任何人、任何时间、任何地点、学习任何知识的"泛在学习"新时空。

互联网教育融汇了教学方式的"共通之桥"。在互联网教育中,可以采用混合多种学习模式的最优化学习方式。新技术背景下的互联网教育,为学习者提供了可选的、多样的学习模式,使得个性化学习成为可能,人类孜孜以求的因材施教理想获得实现。微学位、数字化学校、数字化教室和数字化课程、翻转式课堂、游戏化学习、互动式新型媒体技术以及云平台、云计算、云教育等全新教育模式的出现预示着,互联网教育将实现教育从教学内容到教育方式的全方位的转变。新技术为信息时代的学习也提供了带交互的直接教学的手段,使用流媒体和视频会议系统,教师可以把课堂教学搬到网络上。利用协同学习系统,学习者还可以通过网络提供的交流通讯手段进行跨越地域的协作学习,而这些在传统教学中是无法想象的。互联网教育的教学方式比较灵活。互联网教学由教师控制方式(faculty control style)向学生控制方式(student control style)转变了。此外,也可以用混合式学习(blend learning)和灵活学习(flexible learning)来描述互联网教育背景下多种学习模式并行的状态。互联网教育形成了开放式立体化的学习框架。互联网教育为学习者提供了全天候的学习环境。互联网教育打破了权威对知识的垄断。人人能够获取知识,使用知识,创造知识,分享知识。这也为终身学习的学习型社会建设奠定了坚实的基础。

互联网教育搭建衔接国民教育与终身教育的"立交桥"。随着学习型社会的建立和终身学习型社会体系的构建,互联网教育搭建国民教育与终身教育体系的"立交桥",如建立终身学习学分银行。学分银行为每个人建立个人学分账号,学习者通过选修互联网教育课程得到学校的学分,无论是国民教育的学分还是终身教育的学分,都可以存入到个人的互联网教育学分银行。建立弹性学习制度,方便快捷地沟通和衔接学校教育与互联网教育及其他教育形式之间的学习成果。发挥教联网对各种形式的教育成果的认证、学习成果的转换与积累的积极作用。建立学分累计、互认和兑换制度。对学习者长时间、跨地域的学习进行持续的跟踪考核，评价记录，兑换成学分，有效积累。通过互联网教育管理服务平台的互联互通实现各种教育形式下学习成果互认、学分互认、自由转移乃至随时兑换，将传统教育中的学历和文凭变为学历文凭与微学历、微文凭并行。

三、社会教育体系与学校教育体系的共荣

（一）互联网教育是学校教育的有效补充

学校教育体系主要包括学前教育和九年制义务教育、高中阶段教育、高等教育、职业教育与成人教育。互联网技术所提供的丰富的资源和交互手段，使技术在教学中不再只是呈现信息的媒体，也不仅仅是个别化教学中控制学习过程的工具，而是构成了一个可以开展自主学习、探索学习、协作学习的环境。教育不再完全局限于教室与学校，开始突破学校的围墙，只要有网络的地方，都可以成为教学场所和学习场。互联网教育正在或已经成为学校教育的有机组成部分。

互联网教育同时也是学校教育的有效补充。无论是学前教育还是中小学、大学，借助互联网对教育的支持，可以有效补充学校教育在时间和空间上的局限。首先，大规模的网络在线课程（慕课）就对学校教育形成有效的补充，打破了学校教育中对学习时间和学习空间的限制，有效地克服了学习者学习时间、学习方式、学习身份的限制，为全体社会成员提供了均等的受教育机会。其次，互联网尤其是移动互联网的发展促进了教学方式方法的变革，使教育从以教师为中心向以学生为中心、以课堂为主向互联网学习转变成为可能。如可汗学院、翻转课堂、游戏化教学等新技术和新教育方式的出现，要求教育向分散化和协作化发展，颠覆了传统的班级授课制。

（二）社会教育历来就是互联网教育的重要实践领域

社会教育的对象除了在校的学生以外，还包括社会中的其他受教育对象，社会教育和学校教育只是教育整体中的两种教育形态。社会教育的目的在于提高社会的协作，提高劳动者社会的融入，加强对劳动者社会道德的培养。社会学习主要是学会做人和学会做事共存。学习不应只是个人的事情，除了学校的学习，每个人都要参与到社会学习中来，作为一种社会经验，需要与他人共同学习，以及通过参与社会活动，在社会规范中学习。

除了家庭教育和学校教育之外，社会教育也是教育非常重要的一部分。学校教育只是每个人一辈子学习中的一个阶段。社会教育则贯穿人的一生。与社会教育相应的社会学习贯穿于人们的工作和日常生活之中，是更能获取知识与方法，更能解决实际问题，更有实际作用的学习。互联网信息技术的日新月异要求社会教育体系与学校教育体系同步发展。在信息（知识）时代，知识更新不断加快，单纯的学校教育已经不能满足人们对知识的需求。人们面临学习和工作的双重压力，"工学矛盾"日益突出。随着互联网教育的不断发展，越来越多的学习者选择在工作之余通过互联网在线学习

来继续学习，提升自身适应社会发展和需求的能力。

此外，社会上不同身份、不同地位、不同知识水平的人都可以平等地享受互联网教育。社会教育正是在互联网教育的支撑下，在互联网信息技术的支撑下，突破了时间和空间的限制，实现全方位、全覆盖、多层次的社会教育，也使社会教育成为互联网教育的重要实践领域。

（三）互联网教育产业促进社会教育体系与学校教育体系的融合

互联网教育产业也为社会教育和学校教育架起了沟通的桥梁。面对科学技术日新月异的发展，学习显得越来越重要。虽然学习者从学校毕业之后还有机会再接受学校教育，但是更多的学习机会还是走入社会后，依靠社会教育来完成。互联网教育产业的发展，为社会教育体系与学校教育体系的融合架起了桥梁。互联网教育产业的公司、企业开发的网络课程或教育教学服务，以社会教育的形态对学校教育进行有效的补充。互联网时代，社会教育机构正在对学校教育机构起到一个融合互补的作用。比如，有人在某一所大学学习，但通过互联网，全国最优秀的师资和课程都可能提供给他。

我国教育面临的最大的问题是创新人才，依靠现有的学校体系小修小补地改变现有的人才培养方式还是很有局限，互联网教育对创新人才的培养是一个很好的促进因素，而且是一个很好的参照体系，能够带来教育理念、观念和思维方式的变革。在互联网教育背景下，每个人都是教育的生产者，都可以传播知识与信息，每个人又都是教育的消费者，因为每个人都需要被教育。通过互联网教育，社会教育体系与学校教育体系融合与互补，社会教育对学校教育给予有力的支持。

四、教育公平与教育质量的共促

公平与质量是教育改革发展的两大重点。"发展更高质量更加公平的教育"，是2016年政府工作报告提出的重点工作之一。教育变革的关键是提高教育质量，促进教育公平。教育改革的关注焦点，集中在"推进教育公平"与"提高教育质量"两个方面。教育公平不仅仅关乎社会正义，还会极大地影响社会经济发展；教育机会平等或起点公平固然重要，但结果公平更是教育公平的要义，教育公平与教育质量相辅相成、不可割裂。

（一）教育公平应成为教育变革的重中之重和优先发展目标

在我国，区域之间、城乡之间、学校之间、班级之间、不同家庭背景群体之间，学生成绩差距仍然普遍存在，部分类型的差距甚至还在不断扩大。这些成绩差距的长期存在影响了教育公平，加剧了社会对教育的不满，还会引发新的社会问题和社会矛盾。从长远来看，成绩差距会严重影响国民素质开发，导致中国大量劳动力难以适应新的产业发展需求，无法迎接全球化挑战。因此，缩小学生之间的成绩差距，对促进教育公平、实现社会和谐、促进经济可持续发展具有重大的战略意义。

《国家中长期教育改革和发展规划纲要（2010—2020年）》强调：百年大计，教育为本；国运兴衰，系于教育；强国必强教，强国先强教。这反映了国家对教育战略地位的高度重视。作为人口众多的发展中国家，推进教育事业改革和发展是一个长期而艰巨的任务。在当前特定的历史时期，立足现实又要面向未来，教育公平应成为教育改革与发展的重中之重。教育公平是社会公平与正义的要求，而更公平的教育将成为经济发展的重要引擎和核心要素。教育公平应成为教育变革最重要、最优先的发展目标。

（二）互联网教育背景下的教育公平和教育质量

互联网教育打破了传统教育中学校和机构对教育的垄断，未来的教育不再局限于学校内，而是面向整个社会。从《国家中长期教育改革和发展规划纲要（2010—2020年）》可以看出，国家明确了利用互联网等信息技术来推进教育公平，提高教育质量的发展方向。为更好地贯彻规划的思路、保障规划目标的实现，应进一步明确教育信息化建设的路线图，围绕当前及未来的核心目标，有重点、分步骤、按计划开展教育信息化建设，推进以信息技术为核心的教育科技应用与普及，发挥教育科技促进教育创新与发展的巨大潜力。

互联网教育是实现教育公平的有效途径和方式。在我国教育发展的现阶段，仍存在教育资源紧缺、分配不均衡、配置不合理的现象。东部地区的教育与中西部地区的教育，城市教育与农村教育、边远山区的教育之间还存在教育失衡的问题，政府认识到利用互联网教育来促进教育公平的重要作用，并采取了一系列举措。在中央财政投入中列支专项资金用于支持西部地区互联网教育扶贫工程，并且国家已投入巨额资金，加速西部地区高校校园网建设。互联网教育将全球优质的教学资源进行共享，打破了学校之间的隔墙。不同背景、不同学科、不同层次、不同需求的学生全部涌入这一巨型"大课堂"，成为学习新时空中可以随时互动的同学。华中师范大学信息化与基础教育均衡发展协同创新中心就利用"互联网+教学点"的做法实现了有优秀教学资源的实体学校与基于网络虚拟学校之间的有机整合，探索出了同步专递课堂、互动混合课堂、多媒体课堂等多种形式的资源整合方式，也实现了优秀教师资源与优秀数字化学习资源的聚合，通过互联网虚拟课堂与实体课堂的混合有效解决了农村边远地区的学校教育资源紧缺的问题。互联网教育的开放性和平等性，缩小了中国东西部地区之间，城市学校和边远地区、农村学校之间在教育上的差距，也拉近了全世界学习者之间的距离，互联网教育促进了教育公平。

互联网教育在促进教育公平的同时，也提升了教育质量。互联网教育拥有"定制化"的特点，学习者可以根据自己的时间、需求、学习情况，定制符合个人要求的学习内容，这是对更高层次的教育公平的追求，也是实现教育质量的有效途径和方式。互联网教育在推动教育公平的过程中通过个性化、定制化的学习，从而提升普遍的教育质量和个体教育质量。互联网教育还可以实现从以知识传授为主的教学方式向以提高创新能力、实现学习者全面自由发展为主的教学方式转变，转变学生的学习方式，支持学生有效学习，增强学生学习能力，促进学生高阶思维能力发展，全面提升教育质量。

当前我国教育发展的核心是教育公平与教育质量问题。作为教育信息化进程中的互联网教育，应该紧紧围绕核心目标，通过不断推进教育公平，普遍提高学生的学业水平，缩小学生的成绩差距，有效挖掘人力资源潜力，并释放出促进国家经济发展的潜力。为了面对未来的挑战和满足未来社会对于教育的期望，兼顾教育公平与教育质量应成为公共教育的基本价值取向。

第三节 互联网教育推动教育整体性的变革

从宏观的角度可以看到，互联网教育促进了国民教育与终身教育的融合，打通了社会教育与学校教育，促进了教育公平，提高了教育质量。从微观的角度，我们可以从教育事业的视角聚焦于互联网教育为何能推动教育的整体性变革，其原因在于互联网教育孕育了教育变革的基因、诠释了新的教学理念和方法、重构了教和学的时间空间，从而倒逼教育发生结构性的变革。

一、孕育教育变革的互联网基因

互联网基因通俗地讲就是互联网最显著的特征。互联网是网状结构，不是层级结构，没有中心节点的互联网技术结构决定了它内在的精神，是去中心化、分布式、平等的。有学者归纳了最能体现互联网特征的"基因"：互联网的显性基因是免费和开放，隐性基因是大数据和组织流程再造。而互联网教育恰好体现了其鲜明的互联网基因。

（一）免费的基因

免费之所以是互联网的显性基因之一是因为互联网企业都喜欢把免费作为占领市场的策略。同样的，免费这个互联网显性的基因也存在于互联网教育。目前，全球教育仍存在教育资源区域分配不均衡、配置不合理的现象。正是因为互联网教育免费的特征促进了教育的公平，能够实现全世界任何地方信息的实时交互和资源共享，为不同国家、民族和地区，不同水平、层次的学习者提供开放、共享和免费的教育资源。互联网教育正好为解决世界范围内的教育公平提供了思路和平台。

（二）开放的基因

互联网的开放性也深深体现在互联网对教育的深远影响，尤其体现在教育资源的开放上。一方面，互联网让优质教育资源的作用和价值发挥到了最大，从服务几十名学生扩大到服务几千名甚至数万名学生。另一方面，以慕课为代表的互联网在线课程面向全世界开放，全球优质的教学资源得到共享，世界一流大学突然变得没有围墙。世界上不同国家、不同民族、不同地区、不同水平层次的学习者都可以成为同学，获取资源。这种开放性和平等性，拉近了全世界学习者之间的距离，互联网教育的出现成就了"地球课堂"时代。同样的课程，既可以选择在线学习，也可以选择线下学习，未来的教育可以实现不同地区、不同学校之间的学习平台的课程、学分互认。

（三）大数据基因

大数据是一个抽象的概念，目前关于大数据统一的认识是它有四个基本特征：数据规模大、数据种类多、数据要求处理速度快以及数据价值密度低。在大数据背景下，互联网教育实现了规模化和个性化培养相结合。基于大数据的数据挖掘、数据分析和数据聚合技术是实现互联网教育背景下个性化学习的基础，如未来的学习，可以创建个人的"播放列表"。就如同我们在听音乐的时候，可以截取、混合最爱的音乐并将之列入到音乐播放器一样，我们的课程也可以实现规模定制，创建个人的播放列表。它可以不是给定的一本教科书上的内容，或者不以同样的顺序和步调进行，而是成千上万种不同的组合方式。学校根据大数据判断选择最适合教学的书籍，同一组学生仍然会使用相同的教材，但是教材可以进行个性化的处理。大规模定制的个人"播放列表"不仅仅是个性化的选择，还有个性化的播放效果反馈。在线的互联网课程学习使得学习者的使用状况和学习情况都能够适时记录在后台终端，随时掌控学习者的学习状况，跟踪学习者的学习生涯，探讨学习规律等，进一步挖掘学习者的学习潜力，提出个性化的学习方案，再根据个性化的困难生成个性化的学习导图，为学习者提供个性化的学习资料和学习解决方案。

（四）组织流程再造

互联网让组织化大为小、组织扁平化，因此，组织更加敏捷、灵活和柔性，强调同事与同事之间、上下级之间的沟通与协作。在此背景下，互联网教育呈现分散化和协作化。互联网教育背景下的分散式合作教学和翻转课堂都是教育的组织流程再造的体现。云教育、大数据、可汗学院、微课堂、微学分、微学位、游戏化教学等新技术和新教育方式的出现，要求教育向分散化和协作化发展，颠覆传统的班级授课制。分散合作教学的教学服务只是针对分散的学习者提供答疑解惑、教学支持和教学评价等个性化的学习服务，有利于发挥集体的智慧，兼具"自主"和"集中"的特点和优点。分散合作教学带来"群信息众筹"（Crowd sourcing），学习者通过互联网提交的各种信息资源，获取多种想法、策略、服务的实践。由于该群体成员的多元化知识、经验、身份背景，人类的知识和智慧将会因为互联网而被无限放大和传播，并创造出令人惊讶的社会财富。

二、诠释新的教学理念和方法

互联网教育指向人的全面自由发展。互联网教育与过去任何时代的教育都不一样。互联网教育不是我国在1999年开始试点的成人继续教育的网络教育，而是指广义的互联网时代的教育，是从大数据和流程再造的视角出发，通过"互联网技术"与"教育"的深度融合，有效实施教学和学习活动的教育，旨在实现以教育普及、质量提高、教育公平、教育终身性、教育服务性为核心特征的教育变革。互联网信息时代以创新型人才的新需求为导向，全面创新人才培养模式；以促进公平为重点，优化教育教学环境与资源的配置；以教育教学模式创新为核心，全面提升教育教学的质量；以能力为重，促进教师教学能力发展、学生学习方式转变与学习能力发展。互联网教育正好可以贯穿于上述所有方面，并实现相互之间的沟通、整合与集成，提高教育质量，促进人的全面发展，从而推动教育的整体性变革。

互联网教育同时也促进教学系统的结构性变革。近年来，引起世界高度关注的大规模开放式网络课程（MOOC），是由美国可汗学院、斯坦福大学和麻省理工学院等世界著名高等学校引领的，MOOC的广受欢迎就是利用信息技术和网络平台倒逼教育教学改革的创新案例。从这些成功的案例可以看出，信息技术的快速发展和在教育发展与教学改革中的应用，正在改变着传统的教育观念，变革教育教学的方式方法，并由此开启和推动教育系统的整体性变革。

三、重构教和学的时间空间

互联网教育的意义并非只是一种网上教学模式，而是出现了网上课程平台，这个平台将把教育市场由平行变为纵向，由分散变为集中，由区域性的变为世界的。同传统意义上的学校和教室不同，"地球课堂"将学生从封闭学习空间中解放出来，走向一个没有边界、没有时空限制的地球课堂中。学习和学校将没有必然的联系，学生可以自由地选择学校、课程和老师，从而推动以学校为中心向以学生为中心转变，实现学生本位主义。

互联网教育提供了"泛在"学习环境。移动互联网使所有学习者能随时、随地、随需开展学习。这就意味着学习者不受学校规模的限制，不受年龄的限制，只要愿意学习，互联网教育都能满足你的需求。你可以用大块的时间脱产学习，也可以用10分钟、20分钟，在喝一杯咖啡的时间内学习。只要你有兴趣，就能学到你想学的知识。尤其是云计算技术的发展以及各种移动终端的创新和应用，进一步突破了时间和空间的限制，真正实现学习革命。

互联网教育开启了"点菜式"自选菜单模式。以往传统课程的目标、内容、结构都受到学校严格的评价体系控制和制约，互联网教育打破了传统学校教育中严格固定的教学进度和统一规范的教育体制，将固定年级的课程转变为以短视频呈现，以知识点为单位，方便学习、方便转让、方便销售的组件，并将更多的选择权和自主权给了学习者，以更实用、更个性化的方式满足学生的目标和时间需求。学习者可以选择自己喜欢的课程，像自选音乐放进自动播放一样，学习者也可以实现个性化的课程自选。

四、倒逼教育发生结构性变化

在过去的20年时间里，信息技术在军事、金融、商业等领域内的应用已经使这些领域发生了翻天覆地的变化，但唯独教育似乎是个例外。信息技术在教育教学领域内的应用已有50年的历史，但教育教学的面貌并没有发生根本改变。苹果公司创始人乔布斯去世前曾提出一个深刻的疑问："为什么信息技术改变了几乎所有的领域，却唯独对教育的影响小得令人吃惊？"一个很重要的原因在于：一直以来，信息技术在很大程度上都被作为一种支持传统教育教学的手段，信息技术的应用只是强化了传统教育教学体系的力量，并使其形成了抗拒变革的巨大惰性，难以与瞬息万变的信息化和全球化相适应。尽管教育教学改革的呼声一直此起彼伏，但改革的推进却始终进展缓慢甚至步履维艰。

教育变革是一个老话题，也是一个新话题。老话题是因为一直是人们关心关注的话题，新话题是教育变革一直在路上，一直正在进行时。近现代以来，世界各国都在关注教育变革，发布与教育变革相关的报告，政府出台了大量政策来推动教育变革。尤其是在互联网大变革的时代，互联网让军事、政治、金融和很多领域都发生了很大的变革，人们同样期盼互联网能够给教育领域带来变革，像互联网颠覆我们的商业领域一样，来颠覆我们的教育领域。的确，互联网已经不断地改变着我们周围的世界。而教育和互联网的相遇并结合，其实远远要早于商业领域。在上个世纪60年代，计算机刚刚开始出现的时候，人们就将计算机运用于教育领域，并提出机器教学。

究其原因，传统的教育教学改革大多属于渐进式的改革，其变革是局部性的，只改变教育教学体系的某一部分或某一方面。没有把互联网等信息技术作为推动教育教学改革创新的一种革命性力量，没有形成互联网技术对教育教学改革进行倒逼的机制。互联网教育以时代变迁对人才的新需求为导向，全面创新人才培养模式；以促进公平为重点，优化教育教学环境与资源的配置；以教育教学模式创新为核心，全面提升教育教学的质量。以移动互联网为代表的信息技术在教育变革中贯穿于上述所有方面，并实现相互之间的沟通、整合与集成，从而推动教育教学的整体性变革。以移动互联网为代表的信息技术支持的教育教学整体性变革是推动整个教育教学的范式转变与流程再造，改革具有整体性、综合性的鲜明特征。互联网教育带给教育的影响不应该仅仅是技术层面的影响，而是在技术不断推动教育形态多样化的同时，影响和改变我们传统的教育理念、教育思想和教育模式，形成新的教育理念、教育思想和教育模式，从而真正使现代教育技术与现代教育思想、教育理念深度融合，发生"化学反应"，推动传统教育发生深刻的变革。

第四节 互联网教育产业为教育变革提供强大动力

一、互联网教育产业资本驱动教育行业高速发展

互联网教育的投资为教育行业发展注入活力。从事教育风险投资的决策者，他们敏锐地看到互联网教育正在参与未来教育的改革，所投入的大量风险投资基金给互联网教育的发展带来了经济的动力和各种资源的支持，保证了互联网在线课程能以免费的形式向公众开放。很多企业积极地投入到互联网教育中来，2013年卸任"世纪佳

缘"联席 CEO 的龚海燕转而进入互联网教育领域进行二次创业，继推出教学网站"91外教网"后，又推出了中小学教育资源共享网站"梯子网"。百度、阿里巴巴和淘宝先后涉足互联网教育。淘宝推出了"淘宝同学"，人人网投资了"万门大学"，YY 有"100教育"等。中国互联网教育市场规模正快速壮大，完成了从单一的高等教育领域到基础教育、职业培训、企业 E-Learning 和教育服务市场的扩展。上市则推动行业加速向前，随着政策开放和产业整合，新三板市场也将保持增长态势。

互联网教育成为继电商、网游、社交网络之后的又一个互联网融合产物，被评为21世纪热门投资领域之一。相关专业人士称，互联网教育产业经过2012年的蛰伏期、2013年的爆发阶段、2014年的进一步发酵、2015年的提升、2016年的初具规模，到2017年，互联网教育产业已稳步发展。新浪教育与尼尔森联合推出的《中国互联网教育调查报告》显示：中国互联网教育包括各类大学网络课程、中小学课外辅导、语言教育、职业教育、研究生入学考试培训、出国留学考试培训、公务员考试培训等，初步估计已覆盖2亿多人，花费超过500元的学习在职人群中，有40%投入了互联网教育。互联网教育产业资本驱动教育行业高速发展。

二、互联网教育产业的商业模式促进教育公平

互联网教育新业态的主要特征表现为不受时间空间限制的教育条件、融合学生自学与师生互动的教育方式以及共享利用各种开放优质的教育资源。这些都得益于互联网教育产业的商业模式，目前互联网教育主要采用收费、免费、收费免费相混合三种商业模式。互联网教育收费模式比较多，目前主要有两种，一是从受教育者那里收取会员费，二是付费课程。付费课程，目前占有的市场主要是针对 K12 教育和一些语言培训，对于一般性的课程资源，互联网教育多以免费的模式出现，因为在互联网教育产业中，免费模式为互联网教育产业推动教育变革提供了强大的动力，免费模式能吸引关注，以此来提升网站的关注度，在学习者免费获取资源过程中，免费并不代表互联网教育网站没有盈利模式，免费是针对学习者而言的，对于互联网教育网站来说，盈利则来自入驻网站的机构和个人。

目前，全球教育仍存在教育资源区域分配不均衡、配置不合理的现象。互联网教育正好为解决世界范围内的教育公平提供了思路和平台。免费是互联网最主要的特征之一，互联网企业都把免费作为占领市场的策略。同样的，互联网教育也因为免费的特征促进了教育的公平。互联网教育能够实现信息的实时交互和资源共享，为世界上不同国家、民族和地区不同水平层次的学习者提供免费的教育资源。

不管是收费、免费还是收费免费相混合的商业模式，互联网教育确实打破了传统教育机构对教育的垄断，让每一个学习者不管身在何地都可以平等享用互联网上资源。互联网教育增加了人们受教育的机会，使教育不再单纯地面向学校里的学习者，而是面向整个社会各个阶层、各个年龄、各个职业的学习者，哪怕在最边远、最贫穷的地区，人们也可以通过互联网教育获得免费而且优质的教育资源。

三、互联网教育产业链的延伸增加了教育行业的科技含量

以科技创新手段与互联网技术的不断发展为主要特征的互联网教育推动着教育进步。在互联网的影响下，教育行业将进入互联网时代。信息技术的创新发展在推动人类进入信息化社会的同时，也推动了教育行业从工业社会向信息社会的迈进，互联网教育产业化进程为教育行业的改革与发展提供了一个强大的动力。

互联网教育巨大的市场吸引了越来越多社会角色的参与，产业链上的各类角色相互关联、相互渗透。首先是教育机构。互联网教育的本质是"教育"，所以教育机构稳居产业链的上游，特别是在中国教育背景下，各类大中小学、培训机构等，不但理解教育本质，拥有师资力量，而且拥有传统教育经验。对于教育机构，他们重点在于将教育引向互联网，让教育从线下往线上过渡。第二是内容提供商。好的内容是所有平台都缺乏的资源。内容提供商手握各类教育资源，如视频、音频课程，培训讲义，习题试题等等。一部分CP还具有教育机构的身份，另外一部分是专业从事教育内容生产的独立机构、出版发行商等。第三是平台提供商。平台提供商是点燃互联网教育的第一把火。他们是BAT、YY教育、网易公开课等。第四是技术提供商。近年涌现出不少针对在线教育的产品，如虚拟教室、远程培训、在线考试、培训管理等种类繁多的产业，也有提供一站式教育互联网的方案解决商。但真正有产品创新、商业模式创新、技术创新的公司不多。第五是用户。既是互联网教育的受益者，也是产业链中的消费者。第六是电信运营商。电信运营商参与互联网教育具备先天优势，因为互联网教育的技术基础带宽是由电信运营商提供的，特别是随着教联网时代的来临，高性能的移动互联网是互联网教育的基础和关键。在整个互联网教育的产业链中，还有一些角色的参与不可或缺，如教育行政机构、设备提供商、风险投资商以及行业媒体，正是有了越来越多的角色参与，互联网教育才能蓬勃发展。

互联网教育产业链归根结底是由教育、互联网、用户三大要素构成的，教育是本质，互联网是技术手段，用户是核心，同时各类角色在发展过程中不断融合渗透。它以科技创新为手段，以互联网技术为工具，来推动教育的普及与进步。互联网教育产业链的延伸不仅能使得互联网教育产业与教育产业之间的吸附性加强，还可以增加教育产业的科技含量，提高附加值。

第三章 互联网与现代体育教学的关系

第一节 互联网体育信息的传播特点

伴随着我国信息产业发展的不断加速，以互联网为主要特征的体育信息传播方式逐步成为社会大众了解和掌握体育信息的主要手段。据调查了解发现，在互联网信息查询和浏览中，体育信息所占的比重越来越大，由此也说明体育信息传播已经成为互联网站信息咨询的重要组成部分。点击查询国内众多互联网站，发现在各类网站中，体育信息的相关咨询和服务内容都是主要大型互联网站不可缺少的栏目内容，而且伴随着人们对于体育赛事和体育新闻的关注程度不断提升，体育已经成为人们了解外界和获取休闲娱乐方式的主要途径之一。从国内外最近三年体育信息的搜索和点击量来看，体育信息已经成为互联网信息获取中重要角色之一，由此也说明，互联网信息传播中缺少不了体育信息传播，体育信息的传播也离不开互联网。

一、体育信息传播发展现状

微博、微信等新型媒体形式不断涌现，使体育与新媒体存在共生关系，形成了独立的体育精神和文化世界，成为人类生活中不可或缺的一部分。随着新媒体的发展，体育与新媒体也发生了共生关系：体育具有倡导新的生活理念方式，自身备受关注并易与媒体结合等特点，给传媒产业带来了良好的利益增长；新媒体帮助了体育运动的推广，扩大了社会影响力，形成了独立的体育精神和文化世界。体育与新媒体的结合发展成为大势所趋。为此，了解当前体育信息的传播现状，及时从中发现问题，并有效利用新媒体进行信息传播，对我国的体育传播事业将起到一定的促进作用。

（一）网站传播

当前，我国体育信息的互联网传播主要依靠门户网站的体育频道和各种专业体育网站提供文本、图片、音频和视频信息。我们通过使用 iWeb Choice 来了解中国体育网站流量和影响力的排名。由表3-1可知，截止到2019年，中国体育类网站排名前列的有虎扑体育、新浪体育、直播吧、户外资料网、搜狐体育、东方网体育、腾讯体育、网易体育、A直播以及雪缘网等。由此可知，网友一般还是习惯通过大型门户网站获取体育信息。

表3-1 2019年中国体育网站影响力排名

排名	网站名称	Alexa排名	PR值
1	虎扑体育	2899	7
2	新浪体育	14	7
3	直播吧	874	7
4	户外资料网	10611	7
5	搜狐体育	7	8
6	东方网体育	168	6
7	腾讯体育	5	7
8	网易体育	150	8
9	A直播	25499	4
10	雪缘网	47710	6

（二）微博传播

新浪微博于2009年8月推出，目前在国内处于用户数量和影响力绝对领先的地位。网易微博于2014年11月5日宣布正式关闭。2014年7月24日，腾讯微博事业部被撤销。搜狐微博目前也处于一种低迷的状态。因此，我们通过新浪微博来分析体育信息微博传播现状。截至2020年，微博上关注度最高的五位体育明星是孙杨（粉丝数3342万，发布微博数1911条）、李娜（粉丝数2252万，发布微博数952条）、田亮（粉丝数2131万，发布微博数2316条）、易建联（粉丝数1625万，发布微博数943条）和张继科（粉丝数1141万，发布微博数239条）。微博的撰写要求在140字以内，这种信息内容单一和字数的限制形成了微博信息传递的碎片化特征。这种碎片化的信息往往包含大垃对受众无用的信息，微博用户会因为信息泛滥而丧失获取信息的兴趣，甚至降低微博的登录访问频率。微博体育信息传播还具有话语权、意见领袖表征。上述五位体育明星，在微博中都具有上千万的粉丝，粉丝可以对大V发布信息进行评论、回复、转发、点赞，这对体育信息的传播具有非常重要的意义。

（三）微信传播

体育信息在微信平台的传播日渐成为受众接收体育信息的重要来源。2016年，微信公众号的数量已经突破1200万个，其中就有包括体育媒体在内的众多媒体微信公众平台，他们凭借微信多媒体兼容的传播优势向受众提供免费的信息推送服务。截至2020年，最受关注的微信公众号前5名为NBA篮球实用技巧（总阅读数376598、总点赞数1917、头条平均数100001），NBA（总阅读数400279、总点赞数1594），腾讯NBA（总阅读数149199、总点赞数344），CCTV5（总阅读数143168、总点赞数261），杨毅侃球（总阅读数97293、总点赞数1163）和NBA篮球实战宝典（总阅读数89321、总点赞数 245）。目前，体育信息通过微信公众号传播较微博传播而言尚处于起步阶段，其传播具有以下特点：

第一，点对点的大众传播模式。公众账号可以通过群发消息对所有关注它的微信用户进行信息传播，但其也需要有足够的粉丝才能达到传播效果，且由于信息海量，很容易被淹没。

第二，噪音干扰较少的传播过程。发给微信好友的信息，其他人无法直接查看，但其信息仅限于所在平台或朋友圈进行传播。

第三，具有强大的信息扩散能力。微信用户对于接收到的信息可以转发、分享，但也增加了微信传播的低俗倾向和制造网络谣言的可能性。

此外，现有的微信体育公众号还存在平台定位不明确、推广内容的同质化倾向、微信平台的推广形式单一和平台互动服务不足等问题。

二、体育信息的传播特点

目前，我国体育信息传播表现最为突出的依然是新浪、搜狐、网易和腾讯等大型互联网站。通过对这些网站体育新闻的跟踪和调查，我们发现这些网站在体育信息传播方面都具有一些共同的特征，具体表现在以下几个方面。

（一）体育信息摄取和传播频度的快速性

新闻信息最大的特点就是快，和传统报纸媒体相比较，网络信息传播在传播时效方面所具有的优势是报业媒体所无法比拟的。各大型网站在完成信息的采集和处理之后，可以在短短的几秒钟之内从世界的任何一个角落传播到另外一个角落。这种高效率的传播途径使大众可以在第一时间获取到任何体育信息，包括赛事状况。对于赛事而言，有95%左右的信息浏览人员都希望在第一时间甚至同步了解到赛事的状况，而不是之后的几个小时，大众对于信息及时性的要求迫使互联网站在体育信息的获取时必须做到高效。另外，面对世界范围内的各种赛事及体育明星的重大信息，都必须第一时间告知世界每一个角落的体育爱好者，所以各大网站在体育信息更新方面频率非常快。在体育信息更新频数方面，基本上各大互联网站都能做到事件发生的同步更新。

（二）体育信息的高度互动与参与性

对于任何一个网站而言，免费的信息获取需要网站承担较大的支出，为了在收益方面有更卓越的表现，就有必要了解大众对于信息的兴趣程度和关注程度，所以几乎所有的网站管理人员都会对自己网站发布的信息参与和浏览人数进行及时的统计和分析，如某一项体育赛事结束之后，对于赛事的结果和赛事的过程，很多支持者和关注者都会对赛事进行评论，互联网站就可以通过评论的频率、评论的次数等信息了解到关注人员对体育信息关注的方向和趋势，这对网站的体育信息传播提供了重要的参考数据。比如，2008年北京奥运会，国际奥委会首次允许运动员在奥运会比赛期间发表自己的博客，这为运动员与赛事观众和支持者提供了一个良好的交流平台，观众可以了解更多队员在赛事期间的心得体会，情感变化。通过这个网络交流平台，也可以让观众对队员了解更多；反过来，队员受到观众的支持和关注，对于提升他们参赛的信心也是很有帮助的。

（三）网站体育信息的娱乐化

伴随着体育功能的多元化发展和市场经济对于体育所赋予的价值，体育的休闲娱乐功能在大众生活中体现得愈发明显。因此，互联网站在体育信息传播中也具有明显的娱乐化趋势。以前的网络媒体受人们观念的影响，在体育信息报道中，主要集中在体育赛事的状况，这和传统媒体的风格是完全一样的。随着体育市场的不断发展，人们对于体育信息的获取更多的关注点在于体育文化传播、体育娱乐、体育健身、体育精神、体育明星、体育传奇色彩等方面的内容上，这就要求网络媒体在信息选择上注重对这些信息的挖掘，使信息的趣味性、可阅读性更符合大众的口味，所以带有故事情节的各类报道逐步占据了体育信息传播的大多版面和章节。体育信息娱乐化发展已经成为当今媒体报道的主流趋势。

（四）体育信息的自由选择性

相比较报业而言，互联网信息的容纳数量是巨大的，任何一个网络用户都可以轻松地在各大网站搜寻到自己感兴趣的体育信息，这种便捷性在传统媒体中是无法实现的。传统媒体由于受到版面限制，信息容量相对较小，这就使网络信息传播在市场角逐中更胜一筹。比如，对于赛事密集的奥运赛事和足球世界杯，人们就可以根据自己的喜好选择自己关注的比赛和体育明星。另外，传统媒体缺乏必要的相互沟通机制，而网络媒体为每一个用户都提供了便捷的沟通渠道，用户可以通过博客、微博、微信等方式参与到相关信息的传播中去，让大众在可选择的空间内享受快乐。

（五）体育信息传播的共享性

即便在网络媒体快速发展的今天，任何网站也不可能将所有的体育信息都及时地采集到，这需要传统报纸、电视台及其他互联网站的配合才能共同发展。所以在面对各种大型体育赛事时，这种媒体之间的相互协作就显得尤为重要。与媒介之间的相互配合和资源共享已经成为当今体育信息传播的重要手段。据报道，在2008年北京奥运会期间，搜狐网与新华社、北京电视台，以及中央电视台等国内知名卫星电视台、广播电台及平面媒体构建了一个专业的媒体联盟；而新浪、网易等知名网站与路透社、法新社、美联社等世界知名媒体开展了广泛的合作，为体育信息的摄取和报道编制了一个立体式的网络联盟。这些短期联盟一方面可以提升各个媒体的知名度，另外一方面也可以加速资源的整合，提高工作效率。

三、体育信息传播功能技术特点

互联网是目前国际上使用最广泛的网络，也是未来信息高速公路的雏形，它的发展代表着当今网络信息服务的水平。互联网的主要功能如下。

（一）信息传播

所有用户都以把信息任意输入网络中，用户可互相交流，传递各种文字、数据、声像信息。对于体育运动来说，大量动态信息通过压缩传输有快捷、准确、方便的特点，可以大大加快体育信息的传播速度，给体育科研提供了非常有利的条件。

（二）电子邮件

这是通达全球范围的电子邮件服务系统，不受时间限制，快速、经济，用户只需要按照网址发一封电子邮件即可得到邮件服务，为体育资料的获取提供了便利周到的服务。

（三）网上专题讨论

这一功能使体育各学科之间进行网上国际学术交流成为可能。不必为进行学术交流长途跋涉，耗费人力、财力，而且高效、迅速、方便。目前，在网上运作的体育专题已超过 2000 个，国际奥委会（IOC）、国际体育信息联合会（IASA）、奥委会组委（OCOG）、国际单项体育联合会（IF）、国际业余田径联合会（IAAF）、国际篮球联合会（FIBA）、国际足球联合会（FIFA）、国际排球联合会（FIVB）、国际棒球联合会（IBA）、国际业余游泳联合会（FINA）、国际体操联合会（FIC）、国际羽毛球联合会（BWF）、国际冰球联合会（HHF）、国际举重联合会（IWF）、国际柔道联合会（IJF）等体育单项联合会都在网上设有专题讨论。如要获取该专题领域信息，只需按照网址即可进入检索查询。另外，一些单项运动训练和体育管理、体育新闻、体育咨询、运动营养科学、运动器材设施研制、兴奋剂检测等也都有专题，几乎涉及全部体育领域，给体育科技工作者提供了丰富的研究内容和大量的有科研价值的体育信息。体育科研学术论文亦可在网上发表，并在国际上寻找同行的科研合作，给体育科研创造了优越的科研环境。

（四）资料查询和检索

该网设有计算机联机图书馆中心（OCLC），存储了所有入网国家和地区图书馆和科研机构的文献资料，包括几十万张光盘和几亿张目录卡片上的信息。在网上可获得 OCLC 的信息服务。从体育文献到世界体育科学大会论文专集都可查询，还可获得文件拷贝服务。体育期刊是刊登体育科学学术论文的要媒体，在网上通过 Uncover 可阅读 400 多种体育期刊，并有 17000 多种科技期刊提供各类科技信息和服务咨询，实现了科技和体育信息资源全球共享。

（五）ＷＷＷ和超文本服务

WWW 是万维网（World Wide Web）的简称，即环球信息网。它是国际互联网络提供的信息服务，是在 Internet 网上方便用户进入和使用网络的应用方式。它使用的两种数据交换模式即"超文本传输协议（HTTP）"和"超文本标记语言（HIML）"，实现了在文件中的自由跳跃查阅，省去了先退出再进入文件的烦琐程序。环球信息网提供的信息分别按信息内容分类建立主页（homepage），是通过 WWW 可以访问的信息网页。需要查找的信息在网上有专门的网页浏览器（web browser），还有资源地址标识URL，网页查询代理网址为Http：//www.netmind.com，方便用户查询。

第二节　互联网在高校体育教学中的优势

一、"互联网+"下高校体育时代机遇

"互联网+"是创新2.0下的互联网发展的新业态，是知识社会创新2.0推动下的互联网形态演进及其催生的经济社会发展新形态。"互联网+"是互联网思维的进一步实践成果，推动经济形态不断地发生演变，从而带动社会经济实体的生命力，为改革、创新、发展提供广阔的网络平台。

2015年3月，全国人大代表马化腾提交了《关于以"互联网+"为驱动，推进我国经济社会创新发展的建议》的议案，表达了对经济社会创新的建议和看法。他呼吁，我们需要持续以"互联网+"为驱动，鼓励产业创新、促进跨界融合、惠及社会民生，推动我国经济和社会的创新发展。马化腾表示，"互联网+"是指利用互联网的平台、信息通信技术把互联网和包括传统行业在内的各行各业结合起来，从而在新领域创造一种新生态。他希望这种生态战略能够被国家采纳，成为国家战略。

2015年3月5日，在十二届全国人大三次会议上，李克强总理在政府工作报告中首次提出"互联网+"行动计划。"制订'互联网+'行动计划，推动移动互联网、云计算、大数据、物联网等与现代制造业结合，促进电子商务、工业互联网和互联网金融（ITFIN）健康发展，引导互联网企业拓展国际市场。"

2015年7月4日，李克强总理签批，国务院印发《国务院关于积极推进"互联网+"行动的指导意见》（以下简称《意见》）。《意见》指出："积极发挥我国互联网已经形成的比较优势，把握机遇，增强信心，加快推进'互联网+'发展，有利于重塑创新体系、激发创新活力、培育新兴业态和创新公共服务模式，对打造大众创业、万众创新和增加公共产品、公共服务'双引擎'，主动适应和引领经济发展新常态，形成经济发展新动能，实现中国经济提质增效升级具有重要意义。"

《意见》指出："互联网是把互联网的创新成果与经济社会各领域深度融合，推动技术进步、效率提升和组织变革，提升实体经济创新力和生产力，形成更广泛的以互联网为基础设施和创新要素的经济社会发展新形态。在全球新一轮科技革命和产业变革中，互联网与各领域的融合发展具有广阔前景和无限潜力，已成为不可阻挡的时代潮流，正对各国经济社会发展产生着战略性和全局性的影响。"

为此，《意见》指出，推进我国"互联网+"行动的总体目标是："到2018年，互联网与经济社会各领域的融合发展进一步深化，基于互联网的新业态成为新的经济增长动力，互联网支撑大众创业、万众创新的作用进一步增强，互联网成为提供公共服务的重要手段，网络经济与实体经济协同互动的发展格局基本形成。"

《意见》指出，推进我国"互联网+"行动的总体思路是："顺应世界'互联网+'发展趋势，充分发挥我国互联网的规模优势和应用优势，推动互联网由消费领域向生产领域拓展。加速升产业发展水平，增强各行业创新能力，构筑经济社会发展新优势和新动能。坚持改革创新和市场需求导向，突出企业的主体作用，大力拓展互联网与经济社会各领域融合的广度和深度。着力深化体制机制改革，释放发展潜力和活力；着力做优存量，推动经济提质增效和转型升级；着力做大增量，培育新兴业态，打造新的增长点；着力创新政府服务模式，夯实网络发展基础，营造安全网络环境，提升公共服务水平。"

互联网在改变着一个又一个的传统行业的产业链的同时，又创造了一个又一个新兴的市场生态圈。互联网与教育的结合同样如此。

二、互联网在高校体育教育中的作用及价值

（一）互联网在高校体育教育中的作用

1. 有能力提高服务效率，提升"成本——收益"率

高校体育资本投入最大的两部分是人力资源投入和场馆建设与维护投入。其他还有部门基本办公经费和高水平运动队建设专项，以及一些较少的阳光体育专项等。

体育场馆建设是一个学校的门面，投入巨大，是公共体育投资成本的最大占比，事实上体育场馆的利用效率一直不高，从成本-收益分析的角度看，利用效率不高就意味着项目收益不佳。成本一定的情况下（大规模场馆建设已经完成）只能提高效益，具体到学校场馆资源就是提高场馆利用效益，也就意味着提高使用率和单位活动的价值，这也必然要求增加服务性支出，而基本办公经费无力提供这笔支出，同时由于学校对于体育场馆经营管理的桎梏，也无法通过经营收益来改善。既然无力支出那就只有降低支出这一条路。通过"互联网+"可以降低这部分服务性支出金额，从而提高场馆资源的总收益。

江苏省本科院校基本体育经费最低标准为学费额的0.8%，约50元，江苏省本科院校高水平运动队建设标准值2万元/每人。各学校目前大都采用江苏省本科院校站基本体育经费的最低标准。而且很多高水平运动队专项给付标准没有达标，在实际工作中还会占用到本已十分拮据的基本体育经费。"互联网+"建设可以节约人力资本投入，可以提高管理水平。总之，通过增加传统投资来增加收益的道路不可行，而通过结构调整，利用"互联网+"的优势是提高公共体育成本收益的唯一选择。

"互联网+体育"能充分发挥互联网的高效、便捷优势，提高体育资源利用效率，降低服务消费成本，从而综合提升学校公共体育投入的成本收益比。

2. 有能力提升课程质量

从政府的角度讲，根据教育部关于印发《教育信息化十年发展规划（2011-2020年）》的通知，笔者认为：以教育信息化带动教育现代化，是我国教育事业发展的战略选择；信息技术对教育发展具有革命性影响，必须予以高度重视；力争到2020年实

现全面融合、部分创新的阶段性发展目标3从学校学生的角度讲以慕课、可汗学院等为代表的网络课程正极大地拓展着课程的边界，各级各类学校也都在加强网络教学的建设，网络课程可以极大地丰富学生获取知识的途径，特别是对体育理论知识的获取更为丰富，理论知识与实践知识的结合必将大大提高课程质量，改善体育教学长期存在的"重实践、轻理论"现象，让学生更深刻地感受到体育教育的"人文性"价值。"互联网+"理念于传统教学中，推动传统体育课堂教学的开放与创新，实现知识的互联与共享，优质教育资源通过网络平台，公平地传递给每一个学生，实现学生自主学习、自我发展的愿望，进而提高学生自我管理能力，提高体育教育的育人效果。

3. 有能力提升学生体质健康水平

缺乏运动已成为健康一号杀手，高校体育作为学校体育的收官之战，应该加深学生对运动与健康相关专业知识的理解，运用"互联网+"技术避免"蜻蜓点水"与"低级重复"，也是体育作为终身教育的手段之通过"互联网可以更深入地讲解与运动相关的知识，如心血管耐力与心血管疾病的相关性，关节活动度、肌力与慢性疼痛的相关性，体成分不合理与癌症和代谢性疾病的相关性，加深学生；"缺乏运动会导致或加重某些疾病的发生与发展"的认识，尤其是帮助那些缺乏运动的学生，掌握运动相关科学知识，为自己量身打造适合自己的"个性化运动处方"，进而培养学生自主运动，终身体育的生活方式。这些目标依据传统体育课程，依靠增加传统投入都无法解决。

4. 有能力提高课余体育发展

互联网，特别是通过手机访问互联网，已经成为大学生生活中的极其重要的组成部分。在课堂之上，就有不少学生偷偷地玩手机，下课之后，更是抱着手机不肯撒手，真正实现了"从睁眼到闭眼"的陪伴，体现出了对手机的强烈的依赖。不夸张地说，手机上网，已经成为如今的大学生群里中，最重要、最常见的课余活动，其占据的时间比例，远远超过了课余的体育锻炼。

同时，手机在大学生的社交之中，扮演了非常重要的角色。众所周知，"朋友圈"已经是很多手机用户展示自己、进行泛化社交的重要窗口，对于青年学生而言更是如此。他们乐于通过手机进行"线上社交"，其重要程度甚至超过了日常中真是接触的"线下社交"，对在校学生的情绪、动机、心智影响都非常明显。学校在对学生学习特点进行深如了解后，尝试结合"互联网+"的思路，搜索了一些开展课余体育的方法。首先，我校的院、团委、学工系统都有自己的微信公众号，在学生中有了一定影响力。同时，学工系统、团委系统及下属的各个学生社团，本身就具有对学生的组织和引导作用，作为体育教师，并不需要架屋迭床地另外再创建一个体系，只需要运用好这些平台即可。比如，定期推出"运动之星"栏目，图文并茂地介绍那些在课外体育活动中表现优秀的学生，对于他们是一种极大的精神鼓励。其次，结合青年人热衷网络社交、发朋友圈的特点，主动协助、引导他们把课余体育运动与发朋友圈的特点，主动协助、引导她们把课余体育运动与发朋友圈"打卡"相结合。比如，鼓励学生在跑步之后，对跑步软件记录的轨迹截图，并在微信群里发布；一个月内跑步例程超过

40km、80km、100km的同学，由学校体育社团颁发电子的"毅力证书"，便于学生在网络社交中使用，起到正向激励的作用。更重要的是，由学校体育部定期组织体育教师，通过线上直播、短图文、小视频等形式，利用碎片化的时间，对学生的运动进行指导，纠正学生运动中的一些不规范动作。这样，不仅提高了个体的运动表现，更能让学生建立对运动的认同感和对学校的归属感，效益良好。

5. 有能力提升校园体育文化建设

校园体育文化建设与发展依然是我国高校体育工作的一个重要方面，要解决这一问题需要新技术手段——互联网的介入，在互联网的平台下实现学校各部门的协同配合，形成常态化管理，要积极克服其在新时期所面临的困难与挑战，找出问题的根源所在，提出应对性方案，并以全新的视角与理念来审视当前大学生日益增长的校园体育文化需求，促使我国高校校园体育文化朝着"定位准确、内容丰富、形式多样、国际化"的方向发展，使其在全面提高大学生体质健康水平、培养学生体育新理念与构建和谐高校校园的过程中发挥更加务实的作用。

对于常规化且相对匮乏的校园体育文化活动内容及形式，学生已觉乏味。高校校园体育文化活动内容及形式的拓展与创新势在必行。如可考虑将国内某综艺节目的大型真人版游戏——"撕名牌"引入大学校园并将其列入大学生体育文化节目录。此活动既具趣味性、挑战性，又能使学生跑动起来，深受学生欢迎。与此同时，诸如"徒步""跑酷运动""彩虹跑""欢乐跑""吉祥跑""户外拓展"等活动内容及形式也可以走进校园。作为"阳光体育运动"的重要组成部分，这些时下流行的体育文化元素可以让学生耳目一新，又能激发学生主动参与的热情，对于高校校园体育文化的繁荣以及学生体质健康水平的提高大有裨益。

（二）互联网在高效体育教育中的价值

1. 提高体育教学的直观性

高校体育专业课程是一门以实践为主的课程，但体育专业课的理论性也很强。特别是一些竞技性很强的课程，如篮球、足球、跳远等都是常见且理论性很强的课程。例如，球队球员一般要求每天都要练习打球，但不是只依靠练球就能取得好成绩，一个球队能否取得好成绩，除了依靠球员的能力以外，还与技战术有关。技战术通常是竞技性体育项目决胜的一大重要的因素。但是，面对的对手不同，需要应对的技战术就不同，一劳永逸的技战术是不存在的。对于一个体育教师来说，如果要想自己所带的校球队在赛事中取胜，就需要让球员学会分析对手的技战术，然后选择应对的技战术。了解对手一般是通过搜集对手的资料，对其技战术进行分析，从而制定相应的应对战术。传统的分析都是带队的体育教师做的，球员只需要听取带队教师的分析就可以。而利用数字化资源，球队可以将与对手的比赛拍成视频材料，教师只需将对手的视频材料每人发一份，告诉每个队员如何去分析对手、观察对手的技战术，每个球员都可以直观地感受到对手的技战术，从而可以建立起更为有效的对抗战术，以便更好地在与对手的角逐中获胜。同时，这样的资料还可以保存下来，形成其他球队信息资料库，让球队对其他球队采用的技战术分析得更为透彻，也更能够从技战术上打败对方。这就意味着，球队的视频资料可以共享，每个球队都可以借助一个球队拍成的视频，进行技战术分析，了解对手，从而可以有效地打败对手。

2.互动性强，激发学生兴趣

数字化的体育学习资源非常丰富，既可以是单纯的文字、图像、声音和视频等资料，也可以是综合性的资料。教师可以根据学生喜好选择学生感兴趣的教学资料，这些资料可以是学生感兴趣的格式，也可以是学生感兴趣的内容；这些体育学习资源可以是从互联网上收集的，也可以是体育教师自己制作的。通过发送这些资料给同学，形成可以相互交互体验的课件资源这样，教师可以借助与学生的资源共享，及时与学生进行沟通，为学生进行解惑答疑。同时，学生之间也可以借助这些数字化的体育学习资源，形成学生之间的交流，从而可以将一些比较有效的经验在学生间分享，激发学生参与的兴趣，可以让学生从中学习到更多的知识。

3.提高体育专业教学的有效性

传统的体育课堂上，每上已节体育课，体育教师需要就所要学习的动作和学习内容，不厌其烦地进行讲解和说明，对每一个动作示范了又示范，希望学生能够认真抓住动作要领，准确地将动作的美传递出来。如果体育教师动作讲解不到位，或者学生在课堂上没有抓住要领，而体育教师也没有发现的话，就会造成部分学生没能掌握要领，做出的动作不仅难看，韵律感还不强。还有的体育教师自己对某些动作没有掌握到位，给学生做出了错误的示范，就会造成全体学生对某个动作形成错误的表象，影响体育课教学效果。因此，从传统体育课的角度来看，体育老师一旦出错，就会造成一错俱错的局面。体育教师任何一个环节没有注意到，都可能造成学生对动作理解不到位，影响动作的准确表现。而借助数字化体育学习资源，教师可以通过视频观察自身在动，方面的缺陷，及时予以改正，尽可能避免不准确动作在课件中出现；学生可以通过动作定格将某个动作要领掌握准确，还可以通过认真分析达到举一反三的目的。学生的学习经验还可以通过数据共享在同学中传播，帮助其他同学学习，有利于提高体育教学效率。

4.提高学生自主学习的能力

学生通过自己的移动终端设备学习体育，带有很大的自主性和灵活性。只要有网络的地方，随时随地就可以学习，学生利用碎片化的时间学习体育课程，提高学生单独学习的能力，锻炼学生自主学习的能力，增强学生对体育专业学习的主动性。

三、高校体育教学中互联网技术的优势

随着科技的不断发展，互联网已经成为现代社会中不可缺少的重要组成部分，它正在不断地改变着人们的方方面面。互联网技术就是指"运用计算机技术，把文本、图形、静态图像、动画、声音和动态视频等进行集成处理，并对它们进行获取、压缩编码、编辑、加工处理、储存和展示"。它具有集成性、控制性、交互性和实时性的特点，因此被广泛地应用于教学之中。当然，体育教学也不例外，必须与互联网技术

相结合才能实现真正的教学改革。目前，在体育教学中引入计算机辅助教学、各种自动化软件和网络交流工具，提升了课堂教学教书育人的效果，但还存在很多需要完善的地方。要实现体育教育的现代化，需要领导和体育教师同时重视互联网先进技术的应用，并敢于在互联网技术与体育教学的结合上创新。互联网教学以其鲜明的教学特点、丰济的教学内容、生动的教学情境，在体育教学中得到了广泛的应用。在提高学习兴趣，突破教学重、难点，建立清晰的动作表象，克服教师自身缺陷，丰富学生体育保健与常识方面起到传统体育教学不可替代的作用，达到事半功倍的效果，突破了时间与空间的限制，大大开阔了学生的知识领域和视野，不断激发学生的创新思维。随着素质教育的不断深入，现代化教育技术以较快的速度进入课堂教学，特别是互联网教学的合理应用，使课堂效率明显提高。互联网技术在体育教学中的作用，具体表现在以下几个方面。

（一）增强体育教学的直观性、趣味性

通过多媒体集文字、图像、动画、视频、声音为一体的强大功能，改变传统的教学情景，增强体育教学的科学性、直观性、趣味性，使学生能够尝试解决问题的新途径，对学生的心理产生积极的影响，满足他们的求知欲，激发他们的学习兴趣。例如，球类战术配合教学时，学生在配合教师进行战术示范时花费许多时间也达不到预期的教学效果。运用多媒体游戏软件进行辅助教学，如采用"NBA"中文版篮球游戏软件，此篮球多媒体游戏光盘，可在竞赛规则允许的条件下随意设置比赛环境，凸显个性，可以毫不费力地将基本战术配合表现出来。伴随着有声有色的动画场面和软件强大的"3D"比赛录像功能，学生表现出极高的兴致。课外活动时，学生可以模仿练习，在球类比赛实战中，也能够做出精彩的战术配合，使学生有成就感，大大提高了他们的学习兴趣。

（二）提高学生的理解能力和创新能力

学习是一个认识过程，而理解是学生掌握知识的重要阶段。综合运用互联网教学手段，创设情景，把体育教学中的教学内容形象化、具体化，变动为静，变快为慢，突出重点和难点，有利于学生正确理解比较复杂的、抽象的技战术要领。例如，在跳高、跳远、投掷教学中，由于示范动作瞬间完成，学生看不清动作的全过程，如果利用室内课时间，将助跑、起跳、腾空、落地整个技术环节的全过程用多媒体手段演示出来，就能加深他们对动作要领的理解，增强学生的理性认识，并通过问题的研究和知识的创新，充分发挥他们的创造力。

（三）克服教师自身的缺陷

教师的个人喜好、特长、性别、年龄等因素直接影响着体育课的教学，运用多媒体有利于更好、更全面地进行体育教学，提高教学效果。在实际教学过程中，教师本身并非全能。例如，有些教师特长是篮球专业，因身体条件因素教授单杠、双杠等体操动作就难以完成；又如女教师柔韧性好一些，传授一些技巧动作、舞蹈动作就较

好，而男教师力量性好，对球类比较喜欢，动作技术也较好，而随着教师年龄的增长，有些年轻时能做好的动作（像背越式跳高），年龄一大就做不好或做不了。教学中充分利用互联网课件能够把教师做不好或做不清的动作表达清楚。这样一来教师在制订教学计划时，就会从全面发展学生各项素质的角度出发，而不受自身因素的影响。同时，制作课件的过程加深了教师对各项技术的理解和认识，提高自身的知识水平和讲解技术要领的能力，更重要的是解决了传统教学中解决不了的难题。

（四）突出教学重点、突破教学难点

互联网是应用计算机多媒体技术，以其鲜明的图像、生动的画面、灵活多变的动画，以及音乐效果来优化教学过程的一种新型教学辅助手段。运用与教学内容紧密相连的成品课件或教师根据教学需要自己设计制作的课件来解决教学中的重、难点问题易如反掌。有关研究表明，人们从语言获得的知识能够记忆15%，翻用视觉加听觉获得的知识可接受65%。在以往体育与健康知识的教学中，抽象的知识往往以语言描述为主，即使使用一些挂图、模型等直观手段也显得较为呆板。比如，多媒体课件利用二维、三维等空间的设计，全方位地剖析难点，化难为易，加快了学习速度，提高了学习的效率；又如，在教"投掷铅球"这个动作时，其教学难点在于最后出手动作，如果由教师和学生来实地示范，同学们很难体会到如何最后用力，技术动作也不容易被学生理解，但用多媒体课件就完全不同了，清晰的画面可以是连贯动作，也可以是分解动作，还可以把速率放慢，学生看后一下子就明白了最后出手动作应如何来做。

（五）有助于体育课堂教学方法的创新

体育教学的重要教学任务在于使学生通过掌握一定的运动技巧后，自己可以灵活地运用并加以创新，提高身体素质。在每次上课前，教师要求每个学生都要做好相关的预习，并提示哪些是重、难点，强调强化练习。通过多种平台方式对比，教师大多选择用QQ语音网络的方式去讲课，考虑如果学生网络条件不好，QQ语音也会留下教师上课的痕迹，学生可重复听，做到教学信息不断流。为了提高课堂效率，教师还可以课前要求学生录制好复习动作视频，通过云班课举手和随机选人形式要求学生进行视频展示，并组织学生进行讨论，最后教师进行点评和纠错，并在云班课平台给予学生经验值。这样一举几得，不仅节省了线上教学的时间，让课堂更加紧凑，还提高了学生的自学能力，更帮助学生答疑，起到了很好的教学效果。

（六）网红视频的引入创新了体育教学手段

为了提高课堂氛围，加强师生互动，教师可在课堂上将抖音中运动达人的视频素材和网红流行音乐融入课堂，激发学生的学习兴趣，使学生有一种赏心悦目的精神享受，使学生产生自己积极参与的强烈愿望，提高学生参与度。

课堂上在重点讲授内容和知识点时，采用当下流行的线上教育互动模式让学生快速回应"666"等，以确保学生在线率和参与度，同时采用边讲解边测试的方法，讲解完一个知识点，就让学生在云班课回答问题或是进行动作展示，并对问题和展示动

作进行讲解，增强师生之间的互动交流，提高学生对体育理论和技能知识的兴趣和欲望，以确保学生课堂学习效果。

四、互联网在高校体育教育中的发展趋势

（一）教育资源展示的准确性与访问的便捷性

《教育信息化"十三五"规划》要求信息技术与教学的融合要在"用户体验"上下功夫，这是用户思维的体现，而用户体验的基础就是数字化教育资源这一产品的质量。要使大学生在资源繁多的互联网上拒绝其他诱惑而专注于使用高校体育数字化教育资源，在进行资源建设时既要遵循用户思维，还应遵循"看起来简洁，用起来简化"的简约思维。因此，在资源共享平台的选择上，可选取支持多终端访问的泛在学习应用，如QQ空间、微信公众平台和微博，或专业的网络教学平台如超星尔雅、学堂在线等，尤其要考虑移动端的使用效果。在资源展示上，主页导航设计既要对资源进行准确分类，又要重点突出大学生需求最为强烈的运动技能学练、体育健身中较为关注的修塑形体和健康知识等内容，并凝练出体育知识技能关系图谱及学练使用指南，使他们能快速找到并学习自己感兴趣的知识技能点，有条件的还可以设置关键词搜索和热点推荐，方便访问的同时尽力提升他们的使用体验。

（二）教育资源内容组织的主体化与模块化

将高校体育资源进行数字化建设与改造，并非简单粗暴地将纸质或模拟教学素材转换为数字化素材，也并非不加考虑地将各类数字化教育资源全部上线，而是需要认真思考大学生体育课程学习和高校体育教师实体课堂教学的"刚性需求"，在资源内容选择制作方面进行精心设计，以体现用户思维、简约思维与极致思维。最好能模拟实体课堂上单个技术动作学练的全过程，并将相关数字化教育资源根据主题化和模块化的原则组织与呈现，还应充分考虑大学生在学练中可能衍生出的不同个性化需求并提供相关拓展资料，真正赋予这些数字化体育资源以生命，从而为大学生提供更好的线上线下一体的体育学习体验。

（三）教育资源呈现形式的富媒体化与可视化

优质的高校体育数字化教育资源，在精心设计与组织之余，需要合理地选择并运用恰当的媒体呈现形式以激发学习者的使用兴趣。在媒体呈现形式选择上，要体现极致思维，既不应拘泥于某一种或几种素材类型，也不能一味地堆砌花哨的效果，一切应以更准确地表达与展示资源内容、更贴合高校体育信息化教学需求为准。例如，对某体育运动项目比赛的主要流程这一知识点，可采用比赛实况剪辑配合旁白与字幕的形式进行，视频末尾还可以可视化形式进行总结，以帮助大学生进行记忆；对某一体育运动技术动作的细节与难点，则可通过近距离、多角度画面和放慢速度的视频形式呈现，同时对关键要点以文本形式嵌入，帮助大学生直观形象地理解并掌握技术动作要点；此外，考虑到移动端使用或碎片化场景下不便于观看视频的可能性，最好在视

频页面下配合呈现相应的图文教程，从而实现高校体育数字化教育资源呈现的富媒体化与可视化。

（四）教育资源更新的及时化与反馈渠道的多样化

将高校体育数字化教育资源制作上线后并非一劳永逸，对公认的以及较少有争议的体育运动项目基本技术教程资源可较少改动，但应根据学习者的具体情况适当增加练习方法及练习注意事项等素材。以往只存在于高校体育实体课堂中的课堂小结，可以用富媒体化的形式呈现并上传至资源共享平台，对用户在资源使用过程中遇到的问题，可以其为依据对现有数字化教育资源进行再改造与更新，还可根据最新的体育科研成果及发展趋势，实时更新学练方法和健身注意事项等知识，不断充实资源库。总之，要遵循迭代思维对高校体育数字化教育资源这一产品进行迭代开发，保持动态更新，凸显"应用驱动"，体现"用户体验至上"。

（五）教育资源覆盖的全面化与影响的最大化

高校体育数字化教育资源具有普适性特点，可适用于任何群体，但其常用的共享平台多以专业网络教学平台或专门的课程网站为主，覆盖面较窄、影响力不足。因此，可考虑遵循社会化思维和流量思维，在利用现有数字化教育资源进行线上线下一体的混合式教学之余，将最能反映高校体育教学内容的视频类素材通过使用人数多、覆盖面广的公共视频网站进行传播与分享，扩大资源的影响范围，真正实现资源价值的最大化。例如，目前在移动端居在线视频 App 排行榜前三名的爱奇艺、腾讯视频和优酷视频，不仅提供了免费上传视频和设置视频访问权限的功能，而且提供了多样的分享形式以便浏览者将视频资源分享至各大主流社交平台，在这类大型视频网站上，体育运动技术教程类视频的访问量，以十万甚至百万为单位计数，远高于 MOOC 平台和国家精品课程资源网上的资源访问量。

人们通过互联网随时随地发生学习行为的终身学习时代已经来临，其突破了时间和空间对学习的限制。在国家大力推进教育信息化的背景下，高校体育课程只有跟随信息技术手段的更新不断建设并提供优质的数字化教育资源，才能不被学习者抛弃，并真正发挥其促进教育教学质量提升的作用。并且通过运用用户思维、简约思维、极致思维、社会化思维和迭代思维等对高校体育数字化教育资源进行改造与优化，可实现资源展示的准确性与访问的便捷性、资源内容选择组织的主题化与模块化、资源呈现形式的富媒体化与可视化、资源更新的及时化与效果反馈渠道的多样化，以及资源覆盖的全面化与影响的最大化，充分体现用户体验至上，提升我国高校体育优质数字化教育资源建设的应用效果。

第三节　互联网对高校体育教育模式的影响

网络以惊人的速度改变着人们的工作、学习和交往方式，传统的以课堂、课本、教师为中心的教学模式将无法适应未来社会对人才发展的需要。而当以计算机网络为核心的现代体育教育技术像使用教材、图书一样方便时，教师和学生的教与学活动也将会发生前所未有的变化和影响。

一、互联网对高校体育教育者提出新要求

（一）教师自身综合素质和核心素养的提升

首先，教师要加强自身发展意识，以自己的心智去感知他人。"互联网+教育"催生了一大批优质网络教育资源的自由共享，如慕课、微课等。但是这些网络教育无法代替一线教师的人文关怀和人才培养的灵魂导向作用。因此，高校教师始终要坚持身体、心智和心灵三个方面的发展。同时，教师应该有较强的信息化教学能力，主要体现在网络公开课、慕课、翻转课堂等教学模式上。在信息爆炸的网络时代，教师不能仅仅依靠体育理论来获取知识，还应该熟练地掌握基本的计算机网络技术和信息处理技术，利用互联网高效系统地收集整理体育课堂所需知识，及时更新知识体系，努力提高自身的知识储备与教学能力。其次，教师要加强组织课堂、发展课堂的能力。与传统的教学相比，有联网参与的课堂时间利用效率更高，翻转课堂、慕课、微课等多种形式进入课堂，教师原本需要很长时间来解释的重点、难点内容，通过利用和展示资源便可一目了然。因此，"互联网+"改变了课堂的人际关系和时空结构。然而，互联网只是教师课堂改革的一种手段，不能完全替代传统的教学模式。互联网参与课堂，更多的是利用互联网的自身优势来改善课堂教育的局限性。因此，教师要善于利用互联网更加高效地组织和管理课堂，同时将课堂的物理空间通过互联网加以延伸，发展出更多维度的教学体验。最后，教师要提升自身的科研创新能力，超出课本，从学科的高度进行教学，提升课堂的吸引力。科技成果推动理论发展毋庸置疑，在"互联网+"时代，科学研究变得更加透明，科技成果的传播更加迅速。

（二）教学方式方法的变革

在"互联网时代，以学习者为中心的教学模式将实现多层次、多维度的转变。教学的组织形式由单一化（班级授课制）走向多元化（分散化、数字化、网络化、远程化），教学方式由以教师讲授为主走向个性化教育，课程资源由原来的线下封闭式走向线上开放式，网络教育资源随处可见，学习方式由单一化（课堂）走向多样化、自由化，教师也由课堂的控制者变成了学习的促进者，教学制度则由学校的管理化走向网络的服务化。这些转变都导致学校和教师必须进行一系列的教育教学改革，与时俱进，采用新的教学管理方法与手段，否则将被时代所淘汰。随着"互联网在教育中的不断渗透，云平台、移动学习、慕课、翻转课堂、微课、教育大数据、学习分析、智慧教育、创客等一些新的教育信息化手段与教学方法不断涌现。

（三）促成终身教育和学习理念的转变

"互联网的出现推动了教育文化的传播，借助信息的流通、传递和存储。互联网加速了教育事业的发展和改革，给人们创造了巨大的精神和物质财富。教育事业的巨

大进步离不开互联网的功劳。体育教育是教育事业中的一部分，也是教育事业中不可缺少的一部分。它在信息化的潮流中发生着剧烈变化，体育教育中的课程内容、课程展现形式、课程教学等都在出内而外地发生变化。

终身教育主要强调了两点：一是人的一生所受到的教育；二是各种类型的教育。学习的目的是进步，不断学习才能不断进步，这与"终身教育"的目标一致，因此人们不断进步的基础需求就是不断地进行终身教育（学习），这一观念早已得到推广和普及，并为许多教育学者所推崇。"互联网+"时代的出现，不仅表现在信息数据流量的增加，还为信息数据提供了更多的传播方式，为信息数据提供了更多的数据源，为信息数据提供了更丰富的展现形式．也为信息数据提供了更多的传播载体，为信息数据的存储提供了更多的硬件和软件终端。因此，它将为教育事业的发展提供更多的便利。体育教育作为教育事业的一个重要分支，同样会获取便利，加速发展。

正是由于"互联网+"提供的诸多便利，体育教师和学生不再以传统的教育者和学习者进行划分，也就是说不再以"体育教师"即"教育者"，"学生"即"学习者"来进行明确划分。体育教师和学生都将同时担当"教育者"和"学习者"的角色。可以这样理解：1.体育教师转变传统"教育者"的专属神圣的"主动传道型"地位，变换自身角色，成为学生学习过程中的"指导者""引导者""倾诉者"和"辅导者"；2.学生转变传统的"学习者"的专属"被动接受型"地位，变换自身角色，成为能和教师进行讨论的"交流对象""倾诉对象"和"指导对象"。体育教师和学生两者角色地位的相互转换，让体育教师和学生之间也能够相互学习，相互讨论，相互进步，相互指导，最终转变传统的学习理念，加速体育教育事业的发展。

二、互联网使体育学习模式不断革新

"互联网+"概念从出现到普及，逐步发生着天翻地覆的变化，改变了人们传统的生活、学习和工作模式。

人们从传统单一的"接受型"学习模式，转变成具有个别化的、个性化的"选择型"学习模式，使人们有更多的选择权去选择自己所要学习的课程内容，更多的选择权去选择自己参与学习的时间段，更多的选择权去选择自己学习课程的课程形式，甚至拥有了选择权去选择自己所喜爱的授课教师。受传统教育的影响，体育课程教学安排的课时和最终考核占比都会相对较低，但是对于信息化新时代的发展，体育课程已经逐步取得了重要的地位，尤其是高校的体育专业教育。传统的教育理念——"教育即学校，学校即课堂"，已经不再适用于信息化时代的体育教育。信息化时代的体育教育课程地点不再局限于课堂，课程授课形式不再局限于教师的"传道""授业""解惑"，课程授课内容不再局限于以"书本"或者"教材"为中心的教学，而是可以通过互联网技术实现线上线下的远程教学，也可以通过互联网技术进行天气预测，实现不同天气环境下体育课程内容的授课工作，也可以通过互联网技术进行学生体育课程数据的实时搜集、整理和分析，同样可以利用互联网技术及时变换、更改、调整课程内容，并通过不同的课程形式进行呈现，从而使现代化体育教学变得具有个别化、个性化。

因此，通过互联网技术提供的各种便利，不仅减轻了体育教师的教学任务，还为学生提供了形式多样、生动有趣、定制化的多种课程，让他们的学习更加具有激情，转变学生成为课程中的"主导者"，让学生的学习模式发生改变，形成自导型学习模式，让学生能够通过互联网的便利选择适合自己的体育课程，或者通过互联网与体育教师进行实时沟通和互动，获得教师的实时指导，或者借助互联网合理规划自己的课程学习时间，让学生拥有更多的学习主动性，并塑造他们的自我成就感和归属感。

三、重塑体育教师的角色

在"互联网+"背景下进行的高校体育教学改革对高校体育教育的目标有着巨大的冲击，并促使之不断进行调整，开发新的课程内容，设计新的课程展现形式，实施新的教学方案。这些都给高校体育教师带来了相当大的挑战，为体育教师的工作"布置"了新的教学任务，教学不再是传统、简单的"开始上课-传授课程-结束课程"这个循环模式，而需要体育教师重视自己的授课内容，对自身所教授课程的内容进行熟悉的同时，能够通过创设不同的场景，针对不同的教学对象进行不同形式的教学内容的呈现。这些都需要体育教师借助互联网来规划和调整自身的教学。

随着"互联网+"背景的出现和普及，体育教师已经不再是常规体育理论知识的传播者，不再是教学过程中的主导和核心，而是体育教学工作的组织者、参与者和辅导者。组织学生能够在体育课程中通过不同形式的课程互动来掌握体育技能和处理各种突发状况；参与学生所喜爱的体育课程活动，与学生互动，了解不同年龄、不同年级、不同性别、不同性格的学生对体育课程中教学内容的掌握程度和喜爱程度，并实时进行调整；辅导学生在新型体育课程中遇到的难题，引导他们掌握正确的体育技能。总之，"互联网+"背景下的高校体育教师具有重要的工作使命，他们不再是传统体育课程中的以"书本教学为中心"的传授者、主导者，而是能够给予学生想象的空间，让学生自由发挥的组织者、参与者和辅导者。

"互联网+"，让信息技术更加成熟，也使体育教师从"繁复的""重复的"教学工作中"解脱"出来，不再将自己的目光聚焦在简单的教学安排和学生考勤等工作上。这使他们拥有更多的时间和褚力，借助信息化管理手段去研究和参与学生的学习进度，去接触更多、更新、更广的体育教学内容。

因此，在信息时代，高校体育发生着巨大的变化，身处其中的体育工作者应时刻跟随时代的变化，与时俱进，调整各自的角色和职能，以适应这个数据爆炸的时代。

四、拓展高校体育教育空间

互联网时代的到来，不仅使网络技术得到飞速发展，还为教育提供了诸多的便利，使教育事业突飞猛进。互联网打破了传统的高校局限，为高校提供了新型的教学形式、多样的教学内容。互联网拓展了传统高校体育教学的时间和空间，使体育教学的时间更加自由，空间更加多样化。例如，有了互联网的普及，体育教师和学生可以合理安排各自的教学时间和学习时间，还可借助互联网进行远距离教学和学习，不需要拘束于统一的课程时间和课程地点，从而使"无形的教师"和"无形的学生"在自由的时间和空间进行"教学"和"学习"，节省了时间，提高了学习和教学效率，实现了互利双赢。同时，借助互联网建立起来的"虚拟学校"，能够让受时间、地点和环境限制的学生实时地获取学校的最新课程内容和课程动态。由此，体育教师可以卸下重复工作的重担，用节省的这些精力为学生创造更多的学习机会，提供更新的学习内容，做更多的科研工作。学生也可以从诸多的课程学习形式中激发自我的学习兴趣，自主选择自己所喜爱的或者需要的课程学习内容，从而更加高效、自主地获取知识。

因此，体育教师和学生在体育教育工作中所做的转变为高校拓展了发展空间。

第四章　高校体育教学模式的创新发展

现代体育教学强调体育教学活动中教师与学生都能在良好的教学气氛和环境中实现无障碍的交流，这种良好教学环境的创设在很大程度上依赖体育教学模式的选择与教学应用。不同的体育教学模式能为体育教学活动的开展提供一个教学框架，以实现体育教学不同教学要素的合理规划与科学安排，促进不同教学课程目标的实现。新时期的体育教学模式创新也是高校体育教学创新的一个重要方面，本章主要就体育教学模式相关理论知识和教学应用、发展创新进行系统研究。

第一节　体育教学模式概述

一、体育教学模式的概念与分类

（一）体育教学模式的概念

关于体育教学模式的概念，目前在学术界还没有统一的描述，我国学者对体育教学模式的研究角度广泛，不同学者对体育教学模式的认识不同，概念描述侧重点不同。在我国有关体育教学模式的概念描述中，具有代表性的观点有如下几种。

1. 方建新和俞小珍研究认为，"体育教学模式是在体育教学思想指导下，典型、稳定的课堂教学结构"。

2. 吴涛认为，"体育教学模式是体育教学思想指导下，相对稳定、系统、理论的教学模型"。

3. 杨楠认为，"体育教学模式是一种活动策略和方式"，是"一种教学过程和方法体系"。

4. 毛振明指出，"体育教学模式是在体育教学理论、思想指导下的一种教学活动模型。"

5. 李杰凯表示，"体育教学模式蕴涵了特定教学思想，以实现教学目标为根本，在特定教学环境下对体育教学活动的框架式、操作性安排。"

6.樊临虎指出,"体育教学模式是在一定教学思想或理论指导下建立的体育教学活动范型。"

简单来理解,体育教学模式以特定的体育教学思想为指导,是一种稳定的教学程序,终极目的是完成体育教学目标。

(二)体育教学模式的分类

新的课程标准公布以来,对教学目标的表述有了较大的变化,以前的教学目标强调的"增强体质、掌握三基、思想品德教育"三个方面,而新课程标准下的体育教学目标包含了"运动参与、身体健康、运动技能、心理健康、社会适应能力的发展"五个方面,因此,体育教师应结合具体的教学目标选择合适的体育教学模式。

二、体育教学模式的系统构成

就整个体育教学来说,体育教学模式是整个体育教学系统中非常重要的一个系统要素。在体育教学系统中,体育教学模式既是一个相对独立的、完整的教学系统,同时也与整个体育教学系统中的其他教学系统要素保持着密切的关系。

在体育教学模式系统内部,体育教学模式的各种构成要素之间的有机结合使得体育教学模式能够符合当前的体育教学现状、符合体育教师的教学要求和学生的体育学习需求,能够保证良好体育教学效果的获得,是保证体育教学模式正常发挥作用的基本前提。体育教学模式的各要素组合的优化组合,就构成了教学模式一定秩序或流程。在教学实践中,安排好体育教学模式各要素之间先后、前提和结果等关系,有助于促进体育教学模式功能的实现和教学效果的不断优化。

(一)体育教学思想

体育教学思想对体育教学模式的合理选用具有重要的指导作用,不同的体育教学思想要求不同模式的体育教学过程的设计,从这一点来讲,体育教学思想为体育教学模式的选用指明了方向。

从某种意义上讲,体育教学指导思想是体育教学活动的灵魂,贯穿体育教学活动的始终,是体育教学模式设计的重要参考对象。体育教学指导思想还是现代体育教学模式的一种特殊的构成要素,它是制定体育教学模式的重要因素之一。

不同时期的体育教学模式必然表现出不同的时代特点。这就是教学思想对体育教学模式构建指导的体现。无论是哪一时期的体育教学,体育教学思想始终贯彻与制约着体育教学活动的整个过程。

(二)体育教学目标

体育教学模式的构建必须建立在明确的教学目标基础之上,体育教学模式的选择和应用是为了实现相应的体育教学目标服务的。

在高校体育教学实践中,构建科学完善的体育教学模式,体育教学目标是重要参考依据,体育教学模式的构建要围绕体育教学目标来进行,整个体育教学模式框架、内容、程序、要素关系构成等，都在体育教学目标指导下进行。

（三）体育教学程序

操作程序，是指环节或步骤。体育教学模式系统中，操作程序就是体育教学模式各要素活动的开展流程。

体育教学模式的实施，离不开一定的体育教学程序编排，在体育教学实践中，由于所选择的教学程序和教学方法具有多元化、多样性等特点，因此，在体育教学过程中，教师必须深入理解体育教学模式结构特点，促进体育教学程序的合理安排，以实现体育教学过程的完善。优化体育教学操作程序，有助于体育教学模式的进一步完善。

（四）教学实现条件

体育教学模式的实施需要一定的体育教学物质条件支持，这些教学物质条件和资源是体育教学模式的一个重要构成内容，如果缺乏必要的教学条件则教学模式就不能实施。

（五）教学效果评价

教学模式是否可取，需要通过评价进行认真的反思、总结、评价，并为进一步的体育教学模式完善提供有效参考。具体来说，对体育教学模式在体育教学实践中运作质量的检验过程就是对体育教学效果进行评价的过程。在任何教学活动中，体育教学效果评价都是十分必要和重要的。

对体育教学模式进行评价，合理收集反馈信息非常重要。体育教学模式是否能正确实施关系到体育教学效果的实现，体育教学模式的实施过程中，应注意体育教学效果的信息反馈，一般来说，体育教学效果的反馈过程有两种模式，即正反馈和负反馈。正反馈是指通过教学模式有好的反应和结果，反馈总结有助于优化当前的体育教学模式，促进教学质量提高；负反馈是指体育教学模式的失败教训，有利于体育教师检查和反思教学问题和不足，并吸取教训，改善教学模式实施操作，或重新选用或完善体育教学模式。在体育教学模式实施过程中，应注意体育教学反馈信息的及时收集，并确保信息收集的全面、客观、真实。

三、体育教学模式的特点

（一）整体性

体育教学模式的整体性表现分析如下。

1. 体育教学模式是一个完整的、整体的系统构成，在体育教学模式系统中，教学思想、教学目标、操作程序、实现条件、评价共同构成一个完整整体。

2. 体育教学模式在体育教学实践中的实施，对体育教学效果的影响是教学模式的整体效应，而非教学模式系统内部的具体系统要素的作用发挥，体育教学模式的各要素结构组织不同，教学模式的类型和教学作用也不同。

3. 教学模式的应用所解决的主要问题是体育教学的整个教学任务的完成问题，针对教学过程中的微小细节问题不能一一照顾到。在体育教学活动开展期间，对于体育教学模式的选择必然是从教学宏观角度出发来选择相应的教学模式的，教学过程中，解决问题应着眼于整体的角度，而不能为了教学中的一个细小问题选择不合适的教学模式。

（二）简明性

体育教学模式为体育教学的开展提供了一个整体框架，使得体育教学设计能在框架基础上做到有的放矢。简单来说，教学模式是简化了的教学结构理论模型，它从理论高度简明、系统地对凌乱纷繁的实际教学经验的理论化概括，是简单、易理解的教学模型，对体育教学具有提纲挈领的指导作用。

（三）稳定性

体育教学模式是对体育教学实践过程的高度概括，这种概括性和教学过程描述的简明性决定了体育教学模式的稳定性。

体育教学模式构建之后，其结构是稳定的，体育教学模式适用于一定的体育教学思想，适用于多种教学内容、教学对象的教学，不同教学模式在教学操作程序、教学目标实现方面有所不同，可以很好地适应体育教学实践，能够结合具体的教学情况不同，解决不同的体育教学问题。体育教学模式自出现到发展至今，常用的总是经典的几个体育教学模式，有多个教学模式，历经几十年依然在使用，在以后相当长的一段时期的体育教学中，该教学模式还会长期使用，这充分体现了体育教学模式的稳定性。

（四）针对性

体育教学模式的针对性主要表现在其选择依据方面，教学模式的选择不是随意的，必须是科学的，与实际体育教学目标和教学对象相符的。

针对不同的体育教学目标，有不同的体育教学模式。如旨在促进学生自主学习能力的发展，发展学生的探索意识和能力，多采取探究式教学模式。

针对不同的教学对象，体育教学模式不同。例如，情境教学模式，通过故事形式，开展体育教学活动，适用于理解能力较差、体育基础不够的学生；快乐体育教学模式适用于一些简单、趣味教学内容的展示，更适用于年龄小和刚接触体育教学的学生。

（五）开放性

体育教学活动的开放性决定了体育教学模式的开放性，体育教学模式的开放性表现以下几方面。

1. 体育教学模式结构稳定，但系统内部的各要素的情况是可以发生变化的，并且在体育教学模式的实施过程中，体育教学方法、手段等都具有多样性，可以随着教学需要发展不断丰富化。

2.体育教学模式程序固定，体育教学模式在结构上、程序上是基本固定的，而且教学程序是不可逆转的，但不同体育教学活动之间的内容比例、时间比例是可以灵活调节的。其中某些内容可以以教学实际进行压缩、省略和重叠。

3.体育教学模式的开放性更多地表现为结合体育教学需要的局部调整，体育教学模式的性质不会发生改变，体育教学模式的整体或细节的调节可以使体育教学模式更加与体育教学实际相符。

（六）操作性

教学模式具有操作性，任何一种体育教学模式都必须能在体育教学实践中应用，否则再好的体育教学模式如果只能停留在理论阶段，都只是空谈。通过对体育教学模式的实施，能使体育教师非常清楚地知道在教学中应该先做什么，再做什么，最后做什么，并为体育教学模式的实施创造必要的教学环境与条件，使体育教学模式具有可操作性。

四、体育教学模式的选用依据

（一）根据教学思想选用教学模式

体育教学思想对体育教学模式的合理选用具有重要的指导作用，体育教学思想为体育教学模式的选用指明了方向。例如，素质教育思想是最先被提出和受到重视的新时期体育教学思想，它为当前学校体育教学的改革与发展提供了新的思路。现代体育素质教育以发展体育素质为目标，目的在于促进学生的身心健康成长和全面发展；终身体育思想从国外引入后逐渐得到重视，终身体育思想在体育教学中的指导应用，标志着我国改变了传统的过于追求金牌的利益教学模式，开始重视学生以及国民体质健康的终身发展。

随着体育教学和教育的不断发展，必然还会有更新的体育教学思想提出并为体育教学的改革与发展提供指导。

（二）根据教学目标选用教学模式

教学目标是选择教学模式的重要因素。教学目的不同，选用的教学模式也应不同。任何教学模式的确立都是为了实现一定的教学的目标。

新课改下，传统体育教学"增强体质、掌握三基、思想品德教育"的教学目标得到了丰富，新教学目标强调"运动参与、身体健康、运动技能、心理健康、社会适应能力的发展"，体育教学模式实施应促进学生的这几个方面的综合发展。

（三）根据教学内容选用教学模式

体育教学内容是体育教学模式选择和确定的重要参考依据，不同的体育教学内容的教学展现方式和对学生的学习方式要求不同，通过教学内容的学习培养学生的素质不同，因此，需要有针对性地选择不同的教学模式，以使体育教学内容得到更加充分的传播与吸收。

通过对不同教材内容性质的详细分析，有助于教师科学选用合适的教学模式。举例分析如下。

精制教学型教材内容——"多吃少餐"型教材或"一次吃饱"型教材，旨在培养体育意识、学习技术技能。教学模式选择应重视学生技能掌握，同时注重教学探索，可选择程序教学模式和（技战术）案例教学模式、领会式教学模式开展教学。

介绍教学型教材内容——"少吃多餐"型教材或"一次品尝"型教材，旨在培养学生体育意识、促进学生身心健康。因此，教学模式选择应重视学生的情感体验，如快乐体育教学模式、成功体育模式等。

（四）根据教学方法选用教学模式

体育教学模式的设计和选择过程中，体育教学模式设计者在体育教学思想的指导下，对体育教学模式的各项基础要素进行仔细分析，对体育教学过程进行合理编排，细化体育课的单元课程教学程序及内容，这都依赖于科学体育教学方法的选择，不同的体育教学模式对体育教学方法的要求不同，不同的教学方法适用于不同的教学模式，

在体育教学实践中，科学的体育教学方法的选择和应用可以让体育教学模式的教学功能最大限度地发挥出来，同时，体育教学模式中教学方法的选用应充分考虑与其他教学模式要素之间的关系。只有体育教师应明确体育课教学步骤，科学安排体育课的内容，才能根据既定内容选择合适的体育教学方法，合理选用体育教学方法并科学化处理其与其他不同教学模式要素之间的关系是制定和选择体育教学模式的关键所在。

（五）根据学生特点选用教学模式

学生是教学活动的主体，体育教学模式的选择应充分考虑学生的具体情况，有的放矢。例如，低年级学生活动性强、兴趣广泛，感性，喜欢体育游戏，可选用快乐体育模式、情境教学模式、成功体育模式；高年级阶段的学生有一定的知识积累，逻辑思维丰富，可较多选用启发式、发现式、运动技能类教学模式。根据学生的具体情况实现教学模式的科学化选择，以更好地实现教学效果。

（六）根据教师实际选用教学模式

不同的体育教师的教学经验、教学指导与管理能力不同，教学风格不同，因此适合不同的体育教学模式选择。对于体育教师来讲，选用体育教学模式还能结合自己的实际教学需要和教学能力来进行，要利于教师知识、能力、风格等的正常发挥，以更好地发挥体育教学模式的作用。

为了更好地进行体育教学，体育教师在日常教学中应注意不断学习和实践，掌握更多的知识、经验和技巧，从而能游刃有余地选用和利用教学模式，优化教学效果。

（七）根据教学条件选用教学模式

体育教学模式的实现需要一定的体育教学条件的支持，如果缺乏必要的体育教学

条件，如教学硬件（体育器材、设备、场馆等）、教学软件（电子教案、课件、计算机操作软件等）等。那么，依托于一定教学条件的体育教学模式就无法开展。不同教学模式所需的教学条件不同，现代教学手段与仪器（幻灯、模型、录像、多媒体、课件等）种类多样，教师应结合具体的体育教学目标、内容、条件合理选择体育教学模式。

第二节　常见的体育教学模式与应用

一、小群体体育教学模式

小群体教学模式是在教师的指导下，把学生分成若干个学习小组，同组学生之间通过互动、互助、互争的体育学习教学模式。

（一）指导思想

1. 教学应培养学生的良好品质。

2. 教学应重视学生的身心、体育竞争与合作意识等整体发展。

3. 教学应体现竞争性与合作性，教导学生学会合作与竞争。

4. 教学应重视学生的社会性发展，提高学生社会适应能力。

（二）优缺点

小群体教学模式具有"群体性"特点，有助于培养学生良好的团队意识、团队协作能力、合作能力，在团队交流中还有助于学生沟通、表达、交际能力。

小群体教学模式重视对学生的社会性培养，这要求教师在学生的社会性实践中花费较多的教学时间，可能压缩学生的身体练习时间。

（三）适用条件

1. 学生有团队意识和协作能力。

2. 体育教学条件好，器材设备充足。

3. 体育教师具备良好的教学能力，能实现对学生的合理分组和教学引导。

（四）操作程序

小群体体育教学模式的操作程序具体如图4-1所示。

二、快乐体育教学模式

"快乐体育"强调体育教学应让学生感受到运动快乐，强调让学生在快乐的氛围中接触、参与、学习体育，体会到运动的快乐和乐趣，进而养成良好的体育参与意识和习惯。

（一）指导思想

1. 重视学生学习兴趣的培养与调动。

2. 从情感教学入手，强调勤学、乐学。

3. 强调教育的"以人为本"，重视学生的教学主体地位体现。

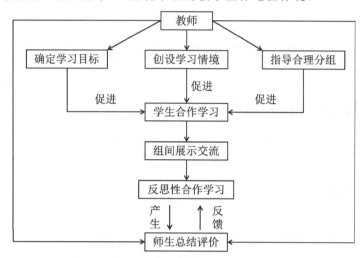

图4-1　小群体体育教学模式的操作程序

（二）优缺点

快乐体育教学模式可充分尊重学生的快乐体验，使学生在轻松愉快的教学环境中进行体育学习，能提高学生的体育学习和体育参与的积极性。

快乐体育教学模式的体育教学内容选择注重学习乐趣，过于简单的内容学习可能不利于学生对体育技能的掌握。

（三）适用条件

1. 体育教师教学实践经验丰富。

2. 体育教学内容难度较低，或无技术难度要求。

3. 学生有一定的体育运动练习基础，具有创新能力。

4. 教学场地、器材能充分满足体育教学与练习活动。

（四）操作程序

快乐式体育教学模式的具体操作程序如图4-2所示。

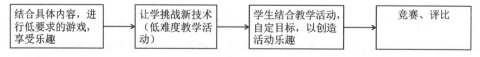

图4-2　快乐式体育教学模式的具体操作程序

三、成功体育教学模式

成功体育教学强调体育教学过程中学生的主体地位，要求通过体育教学，使学生克服一定的学习困难，并通过自己的努力完成学习目标，让学生有学习成就感，为之后持续参与体育奠定良好的学习基础和建立学习自信。

（一）指导思想

1. 创造和谐、温暖的学习环境。

2. 关注学生学习效果。

3. 重视相对评价与绝对评价。

4. 重视合作与竞争的统一。

5. 强调学生学习过程中努力的重要性。

（二）优缺点

成功教学模式重视学生"成功感"的获得，有利于学生认识自己，有利于学生在学习中发扬"艰苦奋斗"的精神，以坚持不懈地完成学习目标，并在体会到学习成就感后能帮助学生建立学习自尊、自信，以促进他们更积极地投入下次学习。

成功教学模式的教学组织工作难度较大，教学内容和方法选择难，此外，由于不同学生的学习能力不同，因此在学习目标设定方面存在差异，目标设置过高或过低都不能满足学生。因此，目标确定存在一定难度。

（三）适用条件

1. 教学形式可以采用分组教学。

2. 教学条件好，有充分的体育教学资源支持。

3. 体育教师教学组织、管理能力好。

（四）操作程序

成功体育教学模式的操作程序具体如图4-3所示。

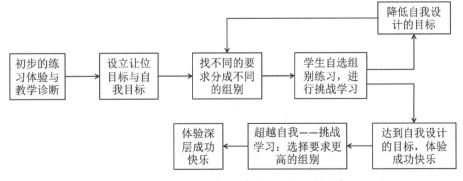

图4-3　成功体育教学模式的操作程序

四、领会式体育教学模式

领会式体育教学强调体育教学的整体学习（领会），指出体育教学不应只追求学生的技能掌握，重视学生对整个运动项目的认知和对运动特点的把握。

（一）指导思想

1. 教学内容应先尝试，后学习。
2. 教学应促进学生全面掌握知识、技能。
3. 教学应结合具体教学需要合理安排教学程序。
4. 教学应重视教学竞赛的利用。

（二）优缺点

领会式体育教学模式重视学生在体育学习中的整体学习与把握，强调让学生在实践中（活动中或比赛中）去发现问题，要求教师根据学生实际情况选择教学方法，有助于激发学生的学习兴趣、学习动机、学习思考能力。

领会式体育教学模式需要借助于教学竞赛、游戏组织来完成教学，需要教师具备良好的教学组织能力、对学生的运动水平要求较高，否则容易导致教学组织混乱和学生受伤。此外，教学过程中用于教学组织的时间较长会导致学生技能练习的时间减少。

（三）适用条件

1. 学生有一定的体育理论知识基础。
2. 学生有一定的思考能力，有探索意识。
3. 教师有良好的教学氛围和适宜的教学方法。

（四）操作程序

领会式体育教学模式的操作程序如图4-4所示。

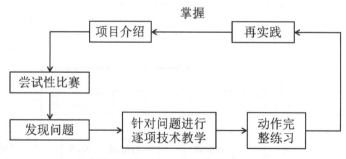

图4-4 领会式体育教学模式的操作程序

五、主动性体育教学模式

主动性体育教学模式以"学生是体育教学的主体"理论为指导，强调对学生在体育教学中的主动性调动。教师应通过良好体育教学环境的创设，提高学生的体育学习与参与积极性与主动性，让体育教学从"要我学"变成"我要学"。

（一）指导思想

1. 教学应重视学生的教学参与。

2. 教学应重视学生创新意识的培养。

3. 教学应重视学生"教学能力"的培养。让学生站在教师的角度上去思考问题。

4. 教学应重视学生良好体育品质的培养。

（二）优缺点

主动性体育教学重视学生的主体地位，有针对性地发展学生的主体意识，有利于提高学生的学习主动性和自主性，可促进学生的学习能力的提高。

主动性教学模式对学生的学习自觉性要求较高，如果学生基础不好，会导致教学难以开展。

（三）适用条件

1. 授课对象是小班群体。

2. 学生有一定的学习自觉性基础和教学组织基础。

3. 教学内容中没有较难的运动技术要求。

（四）操作程序

主动性教学模式的具体操作程序如图4-5所示。

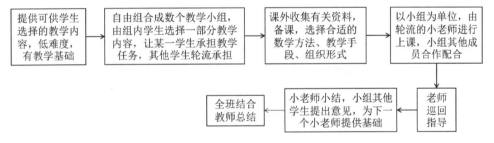

图4-5　主动性教学模式的具体操作程序

六、发现式体育教学模式

发现式体育教学模式，又称"启发式体育教学模式"，强调在教师指导下的学生学习探索，要求学生在教学中能够独立研究、

发现、解决问题，最后教师做出点评并提出改进意见和建议。

（一）指导思想

1. 教学应以学生为中心。

2. 教学应重视调动学生学习主动性。

3. 教学应重视发展学生思维。

4. 教学应强调情境设置，重视引导学生发现、探索、创新。

（二）优缺点

发现式体育教学模式，重视针对体育教学问题的教学情境设置，能很好地将学生引入教学情境中，并激发学生对问题的分析、探索、思考，有助于提高学生的自主学习能力。

发现式体育教学模式，对学生自主学习能力的开发需要有较多的教学时间投入，难免会导致身体练习时间的减少。

（三）适用条件

1. 学生具有一定理解能力、知识基础，具备一定的运动能力与经验。

2. 体育教师具有较高的教学水平与经验，善于运用灵活的教学方法、教学组织形式等来设置问题情境。

3. 教学学时充足。

（四）操作程序

发现式体育教学模式的具体操作程序如下所示。

设置教学情境→结合教学情境提出问题→进行初步的尝试性练习→寻找问题的答案→验证假说，得出答案→进行正常的运动技术教学→结束单元教学。

第三节　现代新型体育教学模式

一、有效体育教学模式的构建

（一）有效体育教学模式的基本解析

1. 有效体育教学模式的概念

改革开放以来，我国对体育教学进行了深入且多方面的改革，从而出现了体育教学思想丰富多元的局面，在这些教学思想的指导下，我国学者深入研究与探索体育教学模式的理论和实践，形成了大量的教学模式，如身体锻炼模式、运动技能传授模式、心理体验教学模式等。这些教学模式的构建及应用对我国体育教学的改革与发展具有重要的启发意义。但我们必须承认，任何一种教学模式都不是万能的，也不是完美无缺的，它们各有优缺点，基于这一认识，我们在应用这些模式时，不可以将体育教学的功能目标割裂开，而应在整体构成的基础上有效实现各功能目标。

从我国体育课程教学改革的理论研究和实践需要出发，结合教学模式的最新研究成果，可以对有效体育教学模式的概念作如下界定：在"健康第一"教育思想的指导下，为有效实现体育教学目标，根据学生的主体情况和客观的体育教学资源，遵循体育教学基本规律，而设计的相对稳定的体育教学的运作程序。

我们可以具体从以下几方面来深入理解有效体育教学模式的概念。

（1）"健康第一"思想是有效体育教学模式的核心和灵魂，对有效体育教学模式的构建与实施要坚持"健康第一"思想的指导。

（2）有效体育教学模式的实施效果具体表现为教学目标的实现上，包括学生体能素质发展、运动技能掌握、情意养成等方面。

（3）体育教学过程由学生的主体情况和体育教学资源这两大要素共同组成。体育教学效益主要由学生的主体需求决定，而体育教学效率在很大程度上受教学资源的影响，这些资源包括体育场地设施、教师素养、教学内容、教学方法等。

（4）在教学实践中实施教学模式，具体操作环节体现在运作程序上，在这一环节中，教师按照一定的步骤及采用一定的策略来指导学生学习。

2.有效体育教学模式的特征

（1）高效率

在体育教学中，评价教学活动是否有效，主要看其是否有效率，这是一个非常重要的评价维度。高效率、有效益、有效果是有效教学理念中判断教学活动有效性的三个重要维度。夸美纽斯写《大教学论》主要目的之一是对一种或一些能够使教员少教，但学生多学的教学方法进行创造与探索。这不仅是夸美纽斯教学观念的体现，也是教学效率内在要求的具体体现。

在一定教学投入下所产生的尽可能大和尽可能多的教学收益就是教学效率，教师和学生"教"与"学"的时间、精力以及努力程度等都属于教学投入的范畴，而学生的学习收益就是最后的教学收益。教学收益恒定，教学效率随教学投入的减少而增高，随教学投入的增加而降低。教学投入恒定，教学效率随教学收益的增加而提高，随教学收益的减少而降低。

（2）好效益

评价体育教学活动是否有效，也要看其是否有效益，这个评价维度同样必不可少，学生在教学活动中获得的进步和发展是教学收益，而学生掌握的知识与技能就是教学效益，这体现了学生进步和发展所起到的积极作用。教学效益指的是教学及其结果与社会和个人发展的需求是否吻合以及吻合的程度如何。

对教学效益的把握可以从"质"与"量"两方面进行，"质"指的是学生的学习所得与个人需要、社会需要"是否吻合"；"量"指的是学生的学习所得与个人需要、社会需要的"吻合程度"。教学及教学结果的合目的性、合价值性才是教学效益强调的重点，可以从以下两方面来理解。

一方面，教学活动追求个人效益，体现"以人为本"即以学生为本的教学思想。另一方面，教学活动追求社会效益，为社会有序运行和发展进步而服务。

在体育教学中，不仅要强调学生的进步与发展，还要在此基础上保证学生的进步是有益处的，这是有效教学的基本要求。体育教学效果具有普适性，而体育教学效益具有相对性，因为在不同的地区、学校、班级及针对不同的学生实施相同的体育教学活动，教学价值会有一定的不同。如果对地区间、学校间发展的不平衡性、差异性不重视，对不同学生的不同学习需要不尊重，则即使能够取得一定的体育教学效果，也未必可以获得良好的教学效益。

在我国现代体育教学改革中，亟需对教学效益这一重点课题进行探讨，探讨时需要先清楚地认识与把握以下几点。

①我国幅员辽阔，各地经济发展存在差异性，民族文化丰富多彩。

②学生存在明显的个体差异，具体表现在身体条件、运动基础、兴趣爱好等方面。

③体育教学内容丰富多样，且有一定的可替代性。

基于上述认识，对有效体育教学模式进行精心设计和科学实施，使学生在自身原来的基础上获得最适合自己的进步和发展，这便是取得了良好的教学效益。

（3）重效果

由某种力量、做法或因素产生的好的结果就是效果，教学效果指的是教学活动取得的好的结果，判断效果好坏要以学生的学习进步与发展为重点考察内容。教师在教学活动中取得某种好的结果，达到某种预期的目的，满足了学生的某些需要，这样的教学活动才是积极有效的，取得良好的教学效果是有效教学的基本要求。

在有效教学活动的评价中，将"有效果"看作是第一维度已得到了普遍认可。学生在教学活动中获得了进步和发展就是"有效果"。学生进步和发展的概念比较笼统，在学生的发展中，不同课程起着不同的作用，发挥着不同的功能。因此，在设计和实施有效教学活动时，需从课程需要出发来对不同课程的教学有效性的本质内涵进行准确的把握。

体育教学效率、体育教学效益和体育教学效果之间存在着密切的联系，有效体育教学内涵的立体框架主要由这三者共同构成，不管是学生的进步与发展（如体质健康、运动技能、体育情意等方面），还是学生的学习收益，教学投入与学习收益之比总会从中体现出来。体育场馆设施建设、体育课时安排、师资资源配备，以及师生在教学中投入的时间、精力、努力都属于教学投入的范畴，而学生在体质健康、运动技能、体育文化素养等方面的积极变化体现了学生的学习收益情况。目前，从体育课程课时设置，学校体育中投入的人、财、物等资源来看，学生的体育学习收益与预期的效率还有一定的差距。因此，体育教学效率的问题在我国还需给予进一步的重视并积极加以改进。

体育教学模式的有效性集中体现在学生的进步与发展上，可以从体育学科特征、学生主体需求以及社会发展需要等多方面出发来理解，具体分析如下。

①体质方面的进步和发展

体育教学的本质追求主要体现在强身健体上，不管是过去、现在还是将来，这都是不会动摇的，对有效体育教学健身功能的强调在青少年学生体质持续下降的今天显得尤为重要。

②运动技能方面的进步和发展

在体育与健康课程教学中，不管是身心健康目标、社会适应目标，还是运动参与目标，都需要学生学习与掌握一定的运动技能才能实现，同时，学生的运动技能水平只有得到一定的提高，其体育兴趣才会进一步高涨，体育习惯才会持续保持，体育素养也才会不断提高。

③心理健康与社会适应能力方面的进步和发展

在培养学生心理品质、促进学生心理健康及提高学生社会适应能力方面，体育教学具有独特的优势，其在这些方面的作用是其他学科教学所无法企及的。

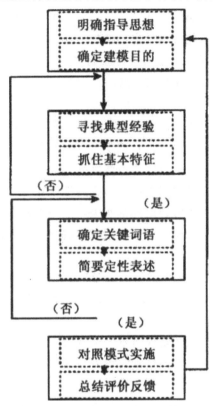

图4-6　体育教学模式的一般构建程序

（二）有效体育教学模式的构建步骤

体育教学模式的一般构建程序如图4-6所示。有效体育教学模式的构建可参考该程序中所示的几个环节，但因为有效教学的独特性，需在这一基础上进行适当的调整与完善，从而真正发挥有效教学模式的作用与价值，实现有效体育教学的目标，促进学生各方面的进步与发展。

有效体育教学模式的构建包括下列几个重要的环节与步骤。

1.指导思想的确立

对有效体育教学模式进行构建的第一步是确立教学指导思想。我国体育课程教学自上世纪末以来一直都以"健康第一"作为教学指导思想。因此，在有效体育教学模式的构建中也应将此作为主要指导思想。在"健康第一"教学思想的指导下，要从单一的"生物体育观"过渡到"三维健康观"（身体、心理、社会适应）来设计新课程，对有效体育教学模式的创建要以新的健康观作为主要依据。

2.目标内涵的明晰

在体育新课程改革中，目标设置的地位非常重要，这从《体育与健康课程标准》实施建议中明确提出的"体现'目标引领内容'的思想"中能够体现出来。新课程确立了三级目标体系，分别是课程总目标、学习目标和水平目标，这是从学生全面发展的需求出发而确定的。在有效体育教学模式的创建中，要进一步明确这一目标体系的内涵，使体育教学模式的可操作性更强，与教学目标更相符。

需要注意的是，在有效体育教学中，学生的学习效果和收益是判断其学习目标实现程度的主要标准，确立学生的学习目标是将学生作为其学习行为的主体而进行的，在编制新课程目标体系时必须注意这一点。

3. 教学情境的分析

体育教学活动是在各种不同的教学情境中组织实施的，教学情境对教学资源的依赖性非常强。体育教学情境是随着体育教学资源的不断丰富而趋于完善的，同时体育教学的有效性也会随着教学情境的日益完善而不断提高。

我国体育教学情境的差异性很大，这与我国地域辽阔、民族文化丰富、季节气候多样、地区教育发展不平衡等特征或现象有关。这些因素造成了我国体育教学情境的差异，因此在有效体育教学模式构建中必须对此进行准确分析，具体分析以下两方面的内容。

第一，学生的主体条件，如年龄特征、运动基础、学习需求等。

第二，教学的客观条件，如体育场馆设施、教学师资、校园体育文化等。

4. 教学内容的编选

在体育教学中，教学目标的实现离不开体育教学内容这一重要载体，为了促进有效体育教学目标的顺利达成，必须注重对体育教学内容的恰当选编，选编中主要注意以下两方面。

第一，体育教学内容的可选择性非常广泛，竞技运动项目、新兴运动项目普遍受青少年学生喜爱，民族民间体育项目具有丰富的民族文化内涵，这些项目都是重要的选择对象。

第二，体育教学内容具有可替代性，这就大大扩展了体育教学活动的实施空间，具体的教学情境成为体育教师编选体育教学内容的主要依据。

总之，编选体育教学内容，要为学生的全面健康和未来有效发展而服务，健身性、趣味性、实效性是内容选择的几个重要标准。

5. 运作程式的创设

体育教学过程中相对固定的运作程序和方式就是有效体育教学模式的运作程式，在有效体育教学模式的创建中，这是最具实践性的一个重要环节。科学开展该实践环节的工作对于促进体育教学效果的强化、体育教学效益的优化及体育教学效率的提高都具有重要意义。安排教学顺序、选用教学方法、设计教学手段、组织课堂教学等都是有效体育教学模式构建中创设运作程式环节的主要工作。

（三）有效体育教学模式的运作程序

激趣导学、预热身心、技能学练、拓展提高、放松收课是组成有效体育教学模式的几个主要教学环节，也是有效教学模式的运作程序，这是有效体育教学中"重效果、好效益、高效率"的本质要求。在具体教学过程中，这几个环节可以适当调整，但要以教学目标、教学内容、学生需要等实际情况为依据而进行调整。

1. 激趣导学

有效体育教学模式实施与运作的第一环节就是激趣导学，该环节的教学任务如下。

（1）明确学习目标。

（2）激发学生学习兴趣。

（3）引导学生积极有效学习。

2. 预热身心

这一环节主要是为学生的有效学习做好生理与心理上的充分准备，具体准备活动要依据教学内容、学生机体活动能力变化规律等情况而安排。

3. 技能学练

这一环节主要是教师指导学生体验与练习运动技能，使学生在反复练习与持续有效的学习中习得技能。

4. 拓展提高

拓展提高环节主要在课的后半部分安排，以身体练习为主，练习内容根据教学内容而定，旨在促进学生体能的发展、运动兴趣的提高及技能的熟练，达成预期的学习目标。

5. 放松收课

这一环节主要是促进学生身心恢复，教师在最后进行总结评价，并向学生明确提出课后学习要求。

（四）有效体育教学模式实施的评价

1. 有效体育教学模式实施的评价原则

体育教学模式在实践中的实施效果如何，运作质量如何，需要通过评价来检验，实践检验是判断理论是否成功的必然路径，因此，建立与完善体育教学模式实施效果的评定机制非常有必要。如果经过评价与检验认为体育教学模式在实践中的实施取得了较好的效果，则认为该教学模式可取，如果实践中实施失败或效果不好，则需要对此进行认真反思、总结，及时反馈信息，重新修订与构建体育教学模式。

体育教学模式的评价具有一定的难度，主要以教学目标的达成程度来判断其在教学活动中实施的价值与效果，通过评价提供信息反馈，以促进下面教学过程的改进与优化，同时对被评价模式进行一定的资格证明。

在体育教学模式实施效果的评价中，一方面要收集前人的经验与理论；另一方面要对当前体育教学的特点及教学目标的实现程度进行重点考虑，将后者作为评价的主要出发点与依据，它们对评价的客观性、科学性有直接的决定性影响。若经过评价发现有的体育教学模式在经过实施后未能使预定的教学目标得以实现，那么认为该模式存在问题与不足之处；若体育教学模式实施后，教育目标成功达成，则在之后的教学中可以继续运用该模式。具体来说，评价体育教学模式的实施效果，需贯彻如下几条原则。

（1）评价必须包括体育教学所要达到的每项重要目标。

（2）评价必须能够为教师的传授提供便利，为学生的学习提供有利条件。

（3）定量评价与定性评价密切结合。

（4）评价与反馈机制密切联系。

（5）评价后需做好适于教学的记录。

2. 有效体育教学模式实施评价的目标定位

将评价的基本原则确立后，应着手开展下一步的工作，即进行教学目标定位。不同的教学模式有不同的相对应的教学目标。体育教学模式的"二分法"将其划分为运动技能类教学模式和非运动技能类教学模式两种类型，前者将学习技能作为主要评价指标，后者将初步尝试与运动参与作为主要评价指标。这两类体育教学模式有一定的共同点，主要表现为学生在学习过程中都投入了一定的情感，并伴随一定的情绪体验，因此在教学模式评价中也应将情感目标融入其中，具体包括学生的学习态度、学习兴趣与积极性及学习体验。

因为在体育教学中并不是通过一节课或一周课就能达到"增强体质"的目标，所以"增强体质"既是一个隐目标，又是一项需要长期教学努力才能达成的任务，所以在体育教学模式评价中不对此作过多讨论。体育教学模式评价目标分为运动技能类教学模式评价主要目标和非运动技能教学模式（介绍、尝试类教学模式）评价主要目标。

运动技能类教学模式评价主要目标分为：

（1）传统运动技能教学模式一级评价目标：运动技能目标、运动参与目标、身体健康目标。

（2）启发式体育教学模式一级评价目标：运动技能目标、运动参与目标、情感体验目标、智力发展目标.

（3）领会式教学模式一级评价目标：运动技能目标、运动参与目标、运动认知目标，

（4）成功体育教学模式一级评价目标：运动技能目标、运动参与目标、个体情感体验目标、社会适应目标，

（5）选择性式教学模式一级评价目标：专项运动技能目标、运动参与目标、身心健康.

（6）小群体教学模式一级评价目标：运动技能目标、运动参与目标、合作学习目标、相互竞争能力目标、社会适应目标。

非运动技能教学模式（介绍、尝试类教学模式）评价主要目标分为：

（1）快乐体育教学模式一级评价目标：运动参与目标、情感体验、身体健康目标．

（2）体育锻炼类教学模式一级评价目标：身体素质发展目标、运动参与目标。

（3）情景式教学模式一级评价目标：运动参与目标、身体健康目标。

（4）发展学生主动性教学模式一级评价目标：运动参与目标、参与教学能力目标、配合学习能力目标。

3.有效体育教学模式实施的评价方法

体育教学模式实施效果的评价中有多级评价指标，不同指标对应的评价内容、评价方法各不相同。常见教学目标对应的评价方法见表4-1。

表4-1　有效体育教学模式实施效果的评价方法

目标指向	评价方法
认知目标	问卷法
	测验作业法等
运动技术目标	观测技评法
情感目标、运动参与目标	教学观察法
	谈话法
	问卷调查法等

（五）提高有效体育教学模式实施效果的建议

1.对"健康第一"的实质内涵进行深入理解，促进健康引领的价值观念的全程渗透

随着体育与健康课程的深入改革，人们从内心深处真正接受了"健康第一"的指导思想。但是对"健康第一"实质内涵的深入领会及在体育教学实践中真正落实该思想还需要经历一个长期的过程，简言之，这个过程可以概括为"内化为观念，外化为行为"，前者是前提，后者是关键。事实上，对有效体育教学模式的创建正是以"明确指导思想"作为逻辑起点的，而要使有效体育教学模式在教学实践中"真实地发生"，就要进行运作程式的创设，这是必要保证。

作为体育教学的实施者，体育教师只有对"健康第一"的实质内涵有了真正的理解，并将其内化为自己的观念，形成健康引领的教学价值观，才能在正确教学思想及价值观的指导下将有效体育教学模式真正落实。健康引领的教学价值观要求体育教学要真正发挥促进学生健康成长的作用，要求通过体育课程教学，使学生的体能得到发展，运动技能得到提高，健康和安全意识得以树立，良好的生活方式得以形成，总之要使学生获得全面协调的发展。

对学生体质健康水平予以关注的同时，兼顾学生心理素质的提升和社会适应能力的增强，这是有效体育教学在健康价值观引领下的基本追求。21世纪体育教学改革的一个重要表现就是体育教学观的变化，即由生物体育观过渡到"三维健康观"，只有将新的体育教学价值观真正渗透到体育课程教学的整个过程中，才能更好地实施有效

体育教学模式。

2.对体育教学有效性的指标体系进行细化，将努力方向明确下来

体育课程改革的核心是体育教学改革，在我国体育课程的不断深入改革中，学界越来越关注体育教学的有效性改革，这已经成为一个热点课题及焦点问题了，有些地方甚至在努力探索高效课堂教学，并在积极做一些尝试。我们必须清楚地认识到，我国体育教学的有效性较弱，这是一个重要的现实教育问题，不容回避，也不容忽视。导致这一问题出现的主要外部环境因素是学校体育"说起来重要，做起来次要，忙起来不要"，除了这些外部因素外，还有一个比较重要的因素就是目前还未明确体育教学有效性的指标体系。

我们可以从效果、效益、效率三个方面探讨体育教学有效性的指标体系。

（1）变化就是体育教学的效果。体育教学计划（体育学年教学计划、单元教学计划、课时教学计划等）中的学习目标体现了学生在学习方面的变化。

（2）具有鲜明相对性的体育教学效益要求体育教师对教学内容的价值（促进学生健康和未来发展）认真进行审视，对有益于促进学生全面发展的教学内容要精挑细选。

（3）"以身体练习为主要手段"是体育课程教学的性质，该性质及体育教学效率共同要求将体育课堂教学中的练习密度尽可能提高，从而促进学生体能发展、运动技能提高、心理品质提升和社会适应能力增强。

3.营造轻松愉悦的体育学习氛围，激发学生的主体参与意识

在实施有效体育教学模式的整个过程中都要将学生的主体地位重视起来，对体育教学的有效性进行衡量，要看学生通过体育学习是否取得了进步和发展，这些进步对学生健康发展是否具有实际意义，学生的学习投入与其取得的进步和发展是否成正比。如果在体育教学中教师十分敬业、学生认真学习，但最终学生并没有获得明显的学习成效，那这样的体育教学就是低效教学，如果学生一点收获都没有，就是无效教学。学习收益的大小与学生的主体参与意识有很大的关系，否则教师教得再好也"无力回天"。因此，充分激发学生的主体参与意识是有效体育教学模式实施的关键。而营造积极的体育学习氛围是激发学生主体参与积极性的关键。

罗杰斯（著名心理学家）从心理学角度指出，尊重、关注和接纳，真实或真诚，移情性理解是促进学生学习的三个重要因素。这就要求教师对待每一位学生都要真诚，对学生的情感和意见要充分尊重，对学生的各方面都要关心，对学生的学习情况要及时了解，要为学生创建轻松愉悦的学习氛围。从现代的角度来解读"亲其师信其道"这句古训，其实就是营造积极学习氛围的意思，促进体育教学有效性的提高要求营造有趣的学习氛围。

此外，为激发学生的主体参与性，还应对体育学习评价的方式加以巧妙运用，发挥教学评价的激励功能，这就要求体育教师在教学中树立赏识教育观，善于发现与肯定学生的长处与优点，及时表扬学生的进步。教师真诚地表扬学生可使学生的学习动机得到进一步的强化。

4.优化教师的教学行为，加强有效指导

实践表明，制约体育教学有效实施的因素主要有以下几点。

（1）体育教学材料不充分或陈旧过时。

（2）班级规模过大，为教学增加了难度。

（3）教师的数量、质量、态度及能力问题等。

以上几个障碍因素中，教师队伍因素的影响在很大程度上占主导，该因素对教学的有效实施具有决定性作用。因此，促进体育教师教学行为的优化可从很大程度上促进体育课程的有效实施。

体育教师需从以下几方面着手来优化自己的教学行为，同时促进有效体育教学模式的实施。

第一，清晰授课：清晰讲解、准确示范等。

第二，多样化教学：教学内容、教学形式的多样化。

第三，任务导向：结合教学任务设计课堂教学，强化学习效果。

第四，引导学生投入到学习过程：适当增加学生自主学练的时间。

第五，确保学生成功率：科学选用教学策略，促进学生练习完成率、准确率的提高。

二、多元智能教学模式的构建

（一）教学模式理论基础

多元智能理论，由美国哈佛大学心理学教授霍华德·加德纳（Howard Gardner）提出。他认为，每个人都具有多元智能，各种智能之间互不干扰，学生之间存在客观的认知能力差异，教育应促进不同学生的不同智能的发展。

多元智能教学模式以多元智能理论为指导，重视体育教学活动的开展对学生多元化智能的发展和促进，要求体育教师结合不同学生智力发展有针对性地安排体育教学程序和内容，通过多样化的、丰富的教学方法、内容，满足学生的不同学习兴趣、需求，为学生参与体育学习提供良好的环境和基础，并对学生的能力进行客观、全面、多维的评价，促进学生的体质、心理、健全人格和社会能力等各种素质的多元发展。

（二）多元智能教学模式构建实施

构建多元智能教学模式，应突出教学模式的以下重点要素。

1.教学形式的多元化。包括"教"的形式和"学"的形式，为教师、学生，提供更多、更优的教学形式选择，突出学生的教学主体地位，满足教师与学生的教授与学习需求，构建和谐师生关系。

2.教学内容的多元化。丰富体育教学内容，并使体育教学内容兼具创新性和时代性特征。

3.教学方法与手段的多元化。丰富体育教学方法和手段，综合运用多种方法和手段的组合形式提高学生学习兴趣和激情。

4. 教学考评的多元化。体育教学考评的内容、标准、主体都应多元，以确保体育教学评价的客观、全面。

三、体育　乐部教学模式的构建

（一）教学模式条件基础

体育俱乐部教学模式是学校与学生共同参与组织的新型教学模式，该教学模式充分考虑了学生的体育兴趣，将学生的体育教学与课外体育活动参与有机结合起来，教学形式更加灵活、气氛更加活跃。

体育俱乐部教学模式在体育教学中的尝试应具有以下条件。

1. 体育俱乐部应具备丰富、先进的设备、器材，保证体育俱乐部各项活动的正常运行。

2. 体育俱乐部应建立完善的俱乐部责任制度、体育运动卫生安全制度，并建立相关的监督机制。

3. 体育俱乐部应由对应的专业体育教师的指导。

（二）体育俱乐部教学模式构建实施

1. 以学生的体育学习兴趣为基础构建体育俱乐部教学模式。

2. 体育俱乐部教学应与学校的体育必修课、体育选修课充分结合起来，促进课上、课下体育教学的衔接和延续。

3. 学校应加强对学校体育俱乐部的管理和指导，规范体育俱乐部体育活动。

四、多媒体辅助教学模式的构建

（一）教学模式技术基础

多媒体教学辅助技术是伴随着多媒体教学技术的发展而发展起来的，是对多媒体教学技术在体育教学中的一种新的教学模式应用。

多媒体教学模式的应用需要依赖多媒体教学技术，该教学模式表现出了智能性、集成性、交互性、实时性，整个体育教学资源都是以全数字化的方式加工、处理，如此使教学更加形象生动。

（二）多媒体辅助教学模式构建实施

多媒体辅助教学模式需要多媒体技术教学支持，对体育教师的多媒体技术应用能力有较高的要求，在多媒体辅助教学模式实践中，应注意以下几点。

1. 建立完整的多媒体教学系统，通过体育录像、图片、Flash等的引入，提前做好多媒体技术准备、教学资料准备。

2. 避免单纯为了追求教学的"新"而采用多媒体教学。多媒体教学应与教学需要相适应。

五、互联网在线教学模式的构建

（一）教学模式条件基础

互联网在线教学是在计算机网络技术创造的虚拟体育教学环境中开展的一种体育教学新尝试，这种体育教学模式的实现需要计算机网络技术的支持。一方面，学校应建立流畅和完善的校园教学网，另一方面，学校应有较为健全的互联网在线教学的教学管理制度，以进行网上教学监控、监管，确保体育网上教学活动的顺利开展与实施。

（二）互联网在线教学模式的实施

互联网网上教学是体育教学的网上教学新模式，这种模式极大地拓展了体育教学的时间和空间，使得体育教学更加智能，更具交互性，师生的在线体育交流更加开放。该教学模式的实施具体要求如下。

1. 教师应具备网上课件开放、编辑、加工的能力。

2. 做好网络课堂管理，确保学生的有效在线学习。

3. 做好线上、线下体育教学活动组织与管理。

第四节　高校体育教学模式的创新发展

一、体育教学模式的发展趋势

（一）理论研究的精细化发展

精细化是新时期高校体育教学模式研究的必然趋势。教学理论和教学规律对教学模式具有重要的指导作用。随着现代体育教育者对体育教学模式选用的重要教学影响的重视，将有更多更深入的体育教学模式被创造，同时，关于体育教学模式的研究将更加精细化，甚至会关注体育教学模式的教学应用的每一个细节的问题。

（二）模式目标的情意化发展

随着高校体育教学的改革深入，现代体育教学越来越重视学生的多元化发展，体育教学模式的实施也不满足于仅仅丰富学生的体育知识、提高学生的体育技能，开始更多地考虑促进学生的心理性、社会性的发展，并重视体育教学中的非智力因素对教师的教学、学生的学习的重要影响。

素质教育背景下，未来的教学模式实施将更加注重对学生的人格教育、品德教育、情感教育与知识教育，重视对学生独立性、情感性和独创性的培养，重视体育教学模式实施中学生的情感体验和个性发展。

（三）教学形式的综合化发展

教学形式的综合化是指教学模式向着课内和课外一体化的方向发展。

目前，各种体育教学模式都将教学活动局限于课堂上，对课外活动不够重视，学生的课外体育活动得不到科学指导。

新时期的体育教学模式将更加关注课内体育教学与课外体育教学的有机结合，"课内外一体化"教学模式将成为新阶段教学模式创新的重要方向。

（四）构建方法的演绎化发展

从体育教学模式的发展来看，教学模式的构建与完善需要经历一个漫长的过程。在体育教学发展之初，教育工作者对教学模式的创举更多的是一种实践探索，通过多次教学实践经验总结，归纳相似的不同教学模式，最终形成一个成熟的体育教学模式。

20世纪50年代以后，教学理论假设往往先于教学实践出现，从一种思想或理论假设出发，设计出的一种教学模式，再经过体育教学实践的检验，并在教学实践中不断改进完善，最终形成稳定的教学模式。教学模式的这一形成过程是一种演绎教学模式，其中所产生的教学模式大都属于这一类型。

和归纳法不同，演绎教学模式从理论假设开始，重视科学理论指导，具有教学模式探索的科学性，并能避免在教学实践中少走弯路、避免资源浪费。演绎型的教学模式的发展是教学模式发展的一个重要趋势。

（五）模式应用的现代化发展

随着现代教育和科技的快速发展，现代教学活动中，先进技术产品和手段的运用也在很大程度上提高了教师的授课效率，也被新时期的学生群体所喜爱，有助于调动学生的体育学习兴趣现代教学模式的发展创新也更多地与现代教学技术手段相融合，将更多更先进的体育教学技术手段纳入体育教学模式的教学实践中。

二、体育教学模式的创新策略

（一）重视教学对象特点分析

重视体育教学对象特点的分析，是科学选用体育教学模式的重要基础，也是从教学对象特点入手进行体育教学模式创新的一个重要切入点。

学生作为体育教学对象，是教学活动的主体，因此，体育教学模式的选择应充分考虑学生的具体情况。体育教学工作者应充分了解不同年龄段的学生特点，充分考虑学生的学习需求和体育需要，做到有的放矢，科学选择、组合、改革体育教学模式。

（二）发挥不同教学组织形式的作用

体育教学模式创新，不应只从教师的课堂教学方面入手，也要充分考虑到体育教学的多元组织形式。例如，体育俱乐部教学模式就充分弥补了课堂体育教学的组织单一、内容单一的不足。

在高校体育环境中，各种体育团体、组织都可以成为课堂体育教学的拓展，可以成为体育教学课外教学模式的有效补充。

（三）借鉴与创新相结合

体育教学模式创新必须有根基可循，如以一定的教学理论为指导。但如果体育教师对体育教学理论的认知和教学实践应用能力有限，在这样的条件下，教师应重视加强理论学习、加强体育教学模式最新研究和动态发展的学习，积极借鉴国外的先进教学模式理论、借鉴国内的先进教学模式理论与成功教学经验，并结合本校教学条件、教学需求、学生特点等进行教学模式的革新。

（四）加强教学信息建设

体育教学模式的创新，离不开各种新教学技术的应用，为了更好地实现新体育教学技术对体育教学模式实施的支持，应加强校园教学信息建设。

各个高校之间应当建立一个公共体育的教学资源共享平台，加强各校信息联系，共同提升高校体育教学进程。

借助多媒体，建立校园网，为新时期的体育学习提供更多的便利，为学生的体育参与提供更加广阔的平台，从时间、空间两个方面拓展传统意义上的体育教学格局。

完善校园体育选课信息平台建设，加强对各个体育课程的介绍和推广，为学生的在线体育选课提供及时有效的课程信息和建议。

（五）注重体育教学模式评价

对体育教学模式进行简明、科学、操作性强的评价，以便于教学评价工作的顺利开展。这是新时期体育教学改革对体育教学模式评价的客观要求，也是发现体育教学模式中的教学问题，更是不断完善体育教学模式的有效途径。新时期，建立健全体育教学模式评价体系、不断完善体育教学模式应注重以下几点。

1.以体育教学应达到的目标为基础评价体育教学模式。

2.体育教学模式的评价应以便于教师教学和学生学习为依据。

3.体育教学模式应适于教学记录。

4.重视评价反馈信息的全面化、真实性。

5.评价标准的多元化。

6.以个人或集体的经验为依据，对评价指标进行科学、正确地衡量，对现有体育教学模式的不足进行改革创新。

第五章　互联网背景下高校体育教学模式创新发展

第一节　建立高校体育管理系统

社会的发展和进步使高校体育的功能得到很大拓展。高等教育规模的急剧扩大使教学管理日趋复杂；国家体育体制的变化赋予了高校体育更多的竞技体育的功能；高校学科的优势及其交叉研究的趋势给高校体育科学研究带来了更大的发展空间；中国实施全民健身计划，构建社会主义和谐社会，更是赋予了具有良好运动设施和精良师资的高校体育更多的社会体育服务功能。高校体育功能的拓展与社会服务需求的增长给体育管理部门带来了管理的压力，如何有效地提高体育管理的信息化水平是高校体育管理部门面临的重要课题。通过有效的管理信息系统的设计与开发能有效地解决这一现实问题。

一、体育信息管理

（一）体育信息管理的走义

随着信息社会的到来，信息已成为一种至关重要的资源。信息是对客观事物状态和特征的反映，具有媒介、放大、预测和调控四个基本作用。但要在浩瀚的信息海洋中获取准确、有效的信息并非一件容易的事。信息管理就是信息社会实践活动过程的管理，是运用计划、组织、指挥、协调、控制等基本职能，对信息进行搜集、检索、研究、报道等，并有效地运用人力、物力、财力等基本要素，以期达到总体目标的社会活动。针对信息的管理，出现了管理信息系统。管理信息系统（Management Information System，MIS）就是用系统思想建立起来的、以计算机为基础的、为管理决策服务的信息系统。向系统内输入的是与体育部门或部门经营管理有关的基础数据，经过计算机系统的加工处理，从系统中输出的是供体育部门或部门各级管理人员和管理机构使用的积极信息。

管理信息系统表明了一种顺序、安排和目的。管理信息系统特别强调提供给管理层的是信息，而不是单纯的数据。数据是未经加工的、未经分析的事实，如一堆数值、姓名或产量值等。管理信息系统的使用为信息的有效获取提供了很好的技术支撑，提高了机构管理水平和机构运行效率，因而迅速地渗入包括体育赛事系统在内的各行各业，得到越来越广泛的应用。体育赛事实际上是多群体协作的系统工程，工作量巨大，对于比赛现场的准确性和实时性要求也越来越高，而且需要尽量减少人为因素的干扰，为赛事的教练员和运动员及时、准确地提供赛场信息，辅助进行战略和战术上的决策，减少赛场作弊行为的发生。

随着体育赛事的逐步兴起，管理信息系统在现代大规模体育赛事（如亚运会、奥运会等）中得到运用。大型体育赛事需要处理的信息量，对信息技术水平及工作人员管理水平的要求很高。

从本质上说，体育信息管理也就是通过体育信息协调赛事系统内部资源、外部环境与预定目标的关系，从而实现系统的功能。因此，体育信息管理水平、效果与管理过程中流动着的体育信息的质、量及利用水平都有密切的关系。所以，有效的体育信息管理尤其是体育信息资源的充分开发十分重要。体育管理信息系统（Sports Management Information System, SMIS）是体育组织与管理的管理信息系统，是利用计算机技术和通信技术对体育信息进行管理的人机相结合的综合控制系统。SMIS主要用于体育赛事各级领导和管理人员对体育组织活动、重大管理事件以及日常事务活动的辅助管理与决策。SMIS是计算机技术、通信技术、信息技术和赛事组织管理技术相结合的产物。合理地运用体育信息管理系统，可以提高体育信息管理的效率，减少人为因素的干扰，赛场决策的准确性，加快赛场信息的传播。

（二）高校体育管理现状

高校体育作为高校教育的一部分，在管理上既有与其他教学部门相同的方面，又有自身的独特性和复杂性，具体表现为既有教师信息管理的封闭性，又有学生体育信息管理的开放性，既有对教师、学生等的要素管理，又有对场地、器材等的要素管理。这种独特性与复杂性的客观存在和高校体育信息人才的缺乏导致高校体育管理的信息化和自动化水平明显偏低。其体育管理方式以人工管理为主，随着管理信息的剧增，这种方式的缺点越来越明显，表现在以下几个方面：1.各种数据存放分散、凌乱，不易于保存和更新，体育管理工作缺乏连续性；2.标准化管理的缺乏导致管理不规范、效率不高；3.不利于数据查询、汇总、报表填写。高校各职能部门由于管理工作的需要，均在不同程度上实施了管理的网络化、办公的自动化。在这一背景下，高校体育管理的信息化需求与日俱增。

（三）高校体育管理信息化的目标要求

随着高校体育教学改革的深入发展，教学内容与教学手段日益多洋化，同时普通高校招生人数不断增加，需要处理的有关学生的各种信息的量越来越大，传统的手工管理方式已不能适应观代化管理的要求，导致教育服务功能的发挥受到限制。

高校体育管理信息化的要求：在教学规模扩大和体育教学资源相对紧张的情况

下，通过科学的管理，提高教学质量；拓展高校竞技体育与体育科学研究功能；与高校体育工作相关的各业务部门进行沟通，将体育管理工作纳入学校的整个网络化管理体系；更好地利用体育的功能为全校师生、员工以及社会服务。基于网络的现代信息管理技术为达到这些目标提供了技术保障。高校体育管理信息系统的开发有助于对高校体育各个业务流程进行科学管理，有利于完成高校体育教学的各项目标。高校体育管理信息系统的建设正是在这种背景下提出的。高校体育管理信息系统的建设是体育管理工作信息化建设的重要组成部分之一，为体育的信息化管理提供了先进的计算机管理手段，是全面实现体育信息化管理的基础。

二、体育管理信息系统总体设计方案

（一）开发棋式

目前存在两种较为流行的模式：C/S 模式和 B/S 模式。C/S 模式是传统的 MIS 所采用的技术模式，与 B/S 模式相比，速度快，更利于处理大量数据，且有更安全的存取模式，同时可以降低网络通信网。但它也有一些缺点：跨平台性差；缺乏开放性，难以与 Internet 接轨；维护升级不方便；系统资源冗余度大，等等。B/S 结构是一种 Client 模式，客户端只作为 Browser，具备 IE 和 TCP/IP 协议便可运转，无须培训，不存在升级问题，使客户端的维护量大大减少；具有较好的网络扩展性和兼容性，能满足多点到多点的实时通两者结合既可保证系统内部的安全性，又可实现信息的开放性。因此，高校体育管理信息系统的设计采用 C/S 与 B/S 模式相结合、交叉并用的方案。两种模式存取不同数据库，通过异构数据库的互相连接实现数据库之间的通信。

（二）开发坏境

体育管理信息系统的开发环境为 Microsoft Windows Server 2003 操作系统、Microsoft IIS Web 服务器、Microsoft Visual Studio.Net 2003（Visual C #.Net 和 ASP.Net）开发平台以及 Microsoft SQL Server 2000 数据服务器等。

三、体育管理信息系统的设计与应用

（一）系统设计原则与可行性

为了保证设计目标的实现，结合用户需求，高校体育管理信息系统的设计遵循以下原则：实用性原则、信息集成原则、开放性原则、面向对象设计原则、可伸缩原则、高可靠性原则、易操作性原则、安全性原则。

我国各大高校在发展的过程中不断壮大，办学经验也随着时间的增长而不断丰富，从而形成了较为健全的管理方式。信息管理系统可以使高校的管理朝着规范、便捷的方向发展。高校中有大量的人才以及人才信息。在管理信息的时候，相关的管理人员需要掌握一定的计算机能力。高校的数据不断增加，校园网能够实现数据的共享，为信息管理带来很大的便利。高校管理信息系统能够提升管理水平，帮助高校更好地发展。

（二）系统功能

体育管理信息系统分为8个子系统，根据高校体育工作的流程和功能作用，每个子系统又包含若干子功能模块。

1. 决策支持子系统

系统提供一个跨平台的通用数据访问接口，其功能主要是采集数据，统计、汇总各种数据。向外，为用户提供发布信息的数据源，响应用户发出的各种查询请求并把查询结果返回给用户；向内，为决策者提供有用的数据，使决策者宏观掌握高校体育工作状况。

2. 体育教学管理子系统

体育教学管理子系统包括排课管理、选课管理、体育成绩管理、教学评价管理、课程总结管理等功能模块。根据课程计划、教师资源、教学资源等信息，考虑到某些特殊因素，排课系统能自动合理地编排课表，并能手工调整排课冲突；选课系统能满足学生对公共必修课和公共选修课两种课程的选课需要，且与排课系统紧密结合；体育成绩管理系统管理学生在校期间的、与体育成绩相关的各项数据，包括学生姓名、学号、学院、专业、学期、课程名称、总体育成绩、各单项成绩、任课教师等，并完成以上数据的录入、查询、更新以及各种表格的生成；教学评价管理系统管理学生、同行和专家对体育教师的教学评价，即根据教学评价表，把客观评价换算成分数，并把主观评价记录下来；课程总结管理模块能完成体育教师对自己一个学期教学情况的总结。

3. 科学研究管理子系统

科学研究管理子系统管理本单位教职员工的科研成果、科研项目和获奖情况等各项数据。科研成果部分包括成果名称、成果形式、第一作者、其他作者、出版单位、出版时间等数据；科研项目部分包括项目名称、项目来源、主持人、项目成员、批准时间、批准号、结题时间、资助经费、研究状态等数据；获奖情况部分包括获奖项目、获奖名称、获奖人、主要成员、授奖单位、获奖时间、获奖类别等数据。本系统完成以上各项数据的录入、统计、查询、更新以及各种表格的生成。

4. 运动竞赛子系统

运动竞赛子系统管理本校高水平运动员和运动竞赛成绩两方面的数据。高水平运动员管理的基本部分是对高水平运动员基本信息的管理，包括姓名、学号、性别、出生年月、籍贯、民族、政治面貌、入党时间、学历、毕业学校、毕业时间、进校项目、进校成绩、运动员等级、就读学院、所学专业、毕业去向等；另一部分是每年对高水平运动员竞赛成绩的统计。运动竞赛成绩管理是对校外竞赛成绩、校内竞赛成绩和校田径运动会成绩三方面数据的管理，包括竞赛名称、竞赛时间、竞赛地点、参赛队或队员、所属学院、竞赛项目、竞赛成绩、竞赛名次、教练员等多项数据。本系统完成以上各项数据的录入、统计、查询、更新以及各相关表格的生成。

5. 体质测试管理子系统

体质测试管理子系统具有预约学生体质测试时间与管理学生体质测试成绩两个方面的功能，完成体质测试数据的录入、统计、查询、更新及相关表格的生成。

6. 师资管理子系统

师资管理子系统管理的基本部分是对教师基本信息的哲理，姓名、性别、出生年月、籍贯、民族、政治面貌、入党时间、学历、毕业学校、毕业时间、原所学专业、职称、任职时间、职务、讲授课程、研究方向等数据；另一部分是每年对教师教学工作量、科研工作量、教学评价结果、教师交流、进修情况等数据的统计。本系统完成以上各项数据的录入、统计、查洵、更新以及各相关表格的生成。

7. 社会服务管理子系统

社会服务管理子系统主要完成体育培训、图书室资料借还、场馆利用等信息的管理。本系统完成以上各项数据的录入、统计、查询、更新以及各相关表格的生成。

8. 系统管理子系统

系统管理仔细用子把每个使用本系统的人员作为一个用户，可以根据每个用户的使用范围授予每个用户不同的权限，还可以动态地调整用户的权限，通过对用户和用户权限的管理保障系统数据的安全性，并具有修改用户密码的功能。

四、系统应用的效果与不足

高校体育管理信息系统开发完成后，已应用于武汉大学的体育工作实践中，并取得了良好的效果。该系统针对本校体育工作的流程设计，能有效地管理相关数据，并进行分析、统计，使不同的用户获取可利用的信息，服务于他们的工作，也能更好地促进学校体育工作的开展。但是，这个系统功能还不够完善，必须进一步加以改进。首先，存在原始数据录入的问题。原始数据的录入是高校体育工作的重点和难点，目前只能依靠手工和其他辅助工具（Word、Excel等）来录入，不但工作量大、效率低下，而且准确性难以保证。由于原始数据种类繁多、格式各异、来源复杂，有些原始数据甚至不是直接数据，而是通过其他数据计算而来的。因此，试图一次性地开发出固定、统一的数据录入模块是不现实的。对此，应采取"模块化"开发、逐步完善的模式，即针对某一类原始数据开发专用的程序模块，将其转换为标准的数据格式，再经由接口导入原始数据库。其次，该系统存在与其他职能部门系统接口的问题。武汉大学的体育教学工作与教务部、社科部等职能部门紧密相关，由于职能、责任、沟通等问题，目前双方的数据还不能互通共享，导致系统不能完全发挥自身功能。

第二节　设计运动人体科学网络课程

计笔机技术和网络通信技术的发展使接受教育的形式和内容变得更加灵活，基于计算机网络的远程教学已成为教育改革的趋势和方向，并且正迅速发展起来。网络课程是通过网络表现的某门学科的教学内容及实施的教学活动的总和，可通过丰富的教学资源和教学形式，提高学生学习的主动性和灵活性，更强调学生作为学习主体的重要性，利于实现个性化的教与学。

运动人体科学作为二级学科，涵盖体育科学中的人体（运动）生理学、人体（运动）解剖学、体育保健学等众多三级学科，是体育教育的重要基础课程。教学是高等学校的主旋律，运动人体科学学科建设必须把提高全学科各门课程的教学质量放在十分重要的位置，建设该学科的网络课程是提高教学水平和适应教育发展的重要手段。本节以《运动生理学》网络课程设计为例，阐述网络课程设计的主要方法及思路，为运动人体科学和其他体育学科的网络课程建设提供参考。

一、运动人体科学网络课程设计的基本要求

运动人体科学网络课程的设计必须能充分发挥网络教学的优势，具备自主性、开放性、共享性、交互性和协作性。即课程设计以学生自主学习为主；易于教师调整和更换课程的体系和内容；能通过网络功能引入丰富的动态学习资源；除了实现人机交互外，还能实现教师与学生、学生与学生之间教与学的交互；必须满足在互联网上运行的基本条件，具备安全、稳定、下载快等特点。

运动人体科学涵盖的课程主要研究人体形态结构、功能、运动对形态功能的影响及其变化规律等，其中一个重要的课程特点就是它的科学性。所以，在设计该学科的网络课程时，除需要满足上述要求外，还应强调课程设计的科学性。在组织教学内容、选择表现形式（如图片选择和动画设计等）时，必须以客观事实为基础，不能似是而非或凭空想象，以免误导学生。同时，因为运动人体科学课程内容复杂，涉及知识面广，需要生物学、数学、化学、物理学等多方面的理论基础，所以设计课程时应尽量避免生涩刻板的文字堆砌，努力提高教学内容的可读性和趣味性，在增加教学资源的同时，为学生的自主学习营造一个轻松、愉快的环境。

二、运动人体科学网络课程的设计

网络课程由两部分组成：一是教学内容；二是网络教学支撑环境。运动人体科学网络课程的设计和其他学科一样，应以帮助学生自主学习为主要目标，并体现网络教学的优势。下面以《人体生理学》网络课程的软件原型为例，简述运动人体科学网络课程设计的主要环节。

（一）确定教材和教学大纲

教材选择是网络课程设计的重要部分。在教材选择上应充分考虑三方面：能反映当今学科发展前沿，体现教材的先进性与科学性；能紧扣培养目标，体现教材的实践性和应用性；利于学生自主学习，具有较高的可读性。要尽量选择本课程的重点或优秀教材。教学大纲对教学具有直接的指导意义，确定教材后可直接采用该教材现有的大纲。

运动人体科学下属各门课程都可选用本课程正式出版的最新教材。《人体生理学》

网络课程的设计就选取了《人体生理学》本科教材。其他课程的最新版教材都可选为网络课程的教材。

（二）明确教学内容

运动人体科学教学内容的设计应针对各课程的特点，充分利用计算机多媒体技术和网络技术的教学优势，对各基本概念、原理和相关知识点进行整合，对文字、图片、动画、视频、音频等媒体信息进行集成。通过计算机对各种媒体信息处理范围的空间扩展和放大，真正起到信息交流媒体的作用。

在运动人体科学课程中，实验是非常重要的教学内容。网络课程的设计一定要包括实验部分的教学内容，包括实验目的、仪器、方法、结果、实验报告等部分。其中，实验仪器部分可用相关的照片或图片体现，实验步骤可用教学录像、模拟实验或虚拟实验体现，同时配以适当的解说，以使学生完整了解并掌握实验的全过程。

此外，网络课程的练习形式应当是交互式的，除人机交互外，还应实现师生间以及学生间的交互。可设计在网上完成作业的布置、提交和批改，部分练习（如判断、选择和填空）可采用实时交互形式，学生通过实时反馈的结果和标准答案可直接检验学习效果，问答或专题讨论等可通过 BBS 或在线讨论完成。交互式的学习方式可激发学生学习的主动性和积极性，有利于培养学生主动获得知识的能力和创新能力。

（三）总体设计与软件原型设计

网络课程的总体设计是设计过程中最重要的一环，软件设计过程所要遵循的所有原则都要在此得到充分体现。软件原型的设计是选择一个相对完整的教学单元进行设计，通过该软件的原型确定软件的总体风格、界面、导航等。《人体生理学》网络课程的设计就是以"运动与心脏"教学单元的软件原型确定了整个课程设计的基调。运动人体科学网络课程的总体设计应强调以下几方面：

1. 提供多种信息资源

网络课程以学生的自主学习为主，所以应注重利用各种信息资源来支持"学"而非"教"。例如，《人体生理学》课程内容广泛，内在联系复杂，动态变化多，所以在设计时要注重运用多种媒体形式（如图片、声音、动画、录像等）帮助学生理解。设计的"解说"由专家讲解学习的难点、重点，并给予学习策略的指导。设计的"相关资料"包括推荐网站、推荐期刊、参考书目和相关录像。通过此设计，学生可在网上浏览或下载、播放相应的教学录像，直接连接到本学科领域的国内外网站，轻松上网查阅资料或通过教师推荐的国内外权威著作或期刊，完成课外阅读、文献查新或专题讨论等，大大增加了学习的信息资源。

2. 合理组织教学内容

教学内容应以教学单元为单位，每一个教学单元包括教学内容、学习指导、作业、讨论组等。可采用文字说明、配音讲述、重点过程动画等多种表现形式。在内容组织上以 Web 页面为主，对屏幕上要显示的信息进行合理布局，包括主菜单、不同级别的操作按钮、教学信息的显示背景、翻页和清屏方式等。因为运动人体科学课程教学内容复杂，其目录层次和网状结构也复杂，所以页面组织要便于学生对教学信息的获取，三级菜单内的教学内容跳转最好在同一页面，若另开页面，也要有明确指示的返回途径，应充分利用网络的浏览功能或设定返回按钮，使不同页面之间通过超链接自由往返。

3. 提供交互式教学活动

网络课程的教学活动是网络课程的核心，可有实时授课、实时答疑、专题讨论、作业解答等多种形式。丰富的信息资源加上交互式的网上教学活动，可大大提高学生的自我教育能力，帮助其掌握获取信息的新技能，从而使学生的学习更富于主动性、自主性和创造性。运动人体科学课程的知识点繁多，内容抽象，自学有较大的困难。教学活动的设计应给予学生更全面的指导，同时以多种形式的练习强化记忆，帮助学生理解掌握。例如，《人体生理学》课件设计的"学习园地"包括学习指导、学生作业、在线讨论组和知识库，通过此设计可在网上完成作业的布置、提交和批改，或进行交流或讨论。知识库收集了自学的知识条，类似小词典，通过关键词链接，可自由查阅。"教师信箱"链接到指导教师的电子信箱，便于指导学习、答疑和问题探讨。

4. 设计丰富的表现形式

运动人体科学的各门课程不同，则网页设计不同，但每门课程应保持统一的风格和操作界面，界面的设计应注意构图合理、布局美观、色彩简洁明快，同级菜单的字体、大小和颜色一致，背景颜色与字体前景颜色协调，热字、超链接的颜色变化相同，动画、影像和声音播放清晰、流畅，且进程可控或开关自由。

运动人体科学的课程特点使动画、影像的运用十分普遍，如人体生理学、体育保健学、运动生物力学等课程都需要设计较多的动画或运用大量的录像资料辅助教学。需要指出的是，影像资料的选取应少而精。因为动态影像的信息量大，如果网络带宽有限，则下载、播放较慢，效果较差。可使用流媒体技术并适当缩小播放窗口，以利于影像的播放。

5. 提供简便快捷的导航

导航是针对网络课程信息量大、内部信息联系复杂而设计的。通过导航可避免学习者偏离教学目标，引导其有效学习，这对以自主学习为主的网络课程十分重要。网络课程的导航方法有多种，如列出课程结构说明、直接导航、浏览历史记录、检索表单、导航条等。不管以何种方式导航，导航的设计原则是简单明了、快捷方便。该课件采用了直接导航方式，即由主菜单的导航图提供直接导航，通过其对各级菜单的超链接直接跳转到对应的页面。

（四）编写脚本

脚本描述的是学生将要在计算机上看到的细节，应由专业课教师和计算机专业人员共同编写完成。脚本编写有规范的要求和格式，可参考相关文献和技术规范。

在设计课程软件原型前要选定最能全面体现总体设计思路和表现形式的教学单元，然后编写脚本。但该脚本编写一个教学单元，软件原型实现后经过反馈，还需要进行修改，修改后的脚本可视为后期全课程脚本编写的基础。例如，选择"运动与心脏"作为软件原型，既包含基础理论和实验，又有运动实践的应用部分，既有单纯的概念（设置热字），又有复杂的原理和功能变化（动态信息），可充分反映《人体生理学》课程特点。

（五）课件开发及教学环境设计

课件开发是指根据课件脚本的要求，参考开发的软件原型，利用课件开发工具集成课程内容，形成网络课件。它包括对界面的最后制作和文字材料的编写。课件的文字材料一般应标注适用对象、系统概述、开发和使用环境、使用方法、开发人员等。

基本的教学环境指统一的教学支持平台的教学内容设计，包括教学大纲、练习题、讨论系统、作业提交与管理系统等。所有内容可直接在统一的网络教学平台界面中录入。至此，网络课程软件的设计基本完成。

总之，网络课程教学是教学改革的趋势和方向，运动人（本科学网络课程的边设是提高教学水平和适应教育发展的重要手段，也是学科建设的重要内容。运动人体科学网络课程的设计应以帮助学生实现个别化学习为主要目际，并体现网络教学的优势，课程设计包括确定教材和教学大纲、明确教学内容、总体设汁与软件原型设计、编写脚本、课件开发及教学环境设计等主要步骤。运动人体科学网络课程的总体设计应注重提供多种信息资源，合理组织教学内容，提供交互式教学活动，设计丰富的表现形式，并提供简便快捷的导航。

第三节 计算机技术与高校体育应用决策支持系统

20世纪70年代初，美国M. S. Scott Morton教授在《管理决策系统》中首次提出决策支持系统（Decision Support System, DSS）的基本概念。20世纪90年代，决策支持系统被引入我国体育界，并在运动训练、体育评价等方面得到应用。本节在对体育领域有关的DSS的文献研读的基础上，对体育领域DSS的开发与研制现状进行分析和总结，并对DSS在体育领域的发展进行展望，以期为体育应用DSS的发展提供参考。

一、DSS概述

（一）DSS的定义

1978年，P. W. Kenn认为，DSS是一个计算机系统，该系统对决策有影响。其中，计算机及分析辅助工具是有作用的，但管理者的判断仍是决策制定的基础。1980年，Bonczek提出，DSS是一个基于计算机的系统，该系统由3部分组成，即语言系统、问题处理系统和知识系统。1981年，Ginzberg指出，DSS是一个基于计算机的信息系统，用于支持不可能或不期望有一个自动的系统实现决策制定过程情况下的决策制定活动。1990年，西安交通大学席酉民教授等人提出，DSS是以计算机为基础的完成信息收集、信息整理、信息处理、信息提供的人机交互系统。总之，DSS是以现代信息技术为手段，综合运用计算机技术、人工智能技术、管理科学等多种科学知识，针对计算机中的半结构化和非结构化决策问题，为管理者提供辅助的人机交互系统。

（二）DSS的特征

1.DSS帮助管理者解决半结构化和非结构化问题，这些问题很少得到或得不到电子数据处理和管理信息系统的支持。

2.DSS辅助和支持管理者进行决策，而不是代替管理者进行判断

3.DSS是一个人机交互系统，通过人机交互接口为决策者提供辅助功能。

4.DSS的目标是辅助管理者的决策过程，以提高组织决策制定的效能，因而不会取代电子数据处理和管理信息系统。

5.DSS能在整个决策过程中，根据决策者的需要在不同阶段提供不同形式的帮助。

6.DSS能够把模型或分析技术的利用与传统的数据存取和检索功能结合起来。

（三）DSS的技术

由DSS的定义看，DSS的建设涉及多学科知识。大体上讲，DSS是一个由专业知识、理论体系、支撑体系、计算机硬件4部分组成的知识集成体。

（四）DSS的结构

从国内外发展的情况看，DSS的结构一般分为2库、3库、4库、5库系统。2库系统包括对话部件、数据库、模型库，其主要功能是在信息和模型计算方面实现决策支持。3库系统包括对话部件、数据库、模型库和知识库，即知识化决策支持系统（KDSS）。它主要把人工智能技术引入DSS，使系统具有智能化。4库系统是在3库系统中加入方法库，实现了模型与方法的分离存储，为模型修改和生成提供了方便。5库系统是在3库或4库系统上加入文字库。5库系统以及近年出现的6库、7库系统等仍处于理论探索与试验阶段。

（五）DSS的基本模式

一个完整的决策支持系统可表示为DSS本身以及它与真实系统、管理者和外部环境的关系。

二、体育应用DSS研究现状

（一）应用领域

1.运动训练领域

我国学者针对运动训练中的心理训练，研制了运动心理咨询与心理训练智能决策支持系统。该系统具有心理障碍类型诊断、心理障碍程度诊断、竞技心理能力诊断和心理训练方法选择4个功能，实现了运动心理咨询在训练中定性与定量的结合，为运动员身心发展的全过程实施系统心理咨询与训练提供了参考。我国学者还针对个别运动项目（赛艇、举重），建立了运动员竞技能力诊断、评价的系统模型，以发挥竞技

能力各因素的最佳状态为目标，建立了运动训练过程优化设计、模拟和调控的决策支持系统。该系统把运动训练的全过程集为一体，不仅可以减小教练员及管理人员的工作强度，还可以为教练员控制训练提供科学参考。

2. 体育评价领域

我国学者对体育评价的方法与基本模式进行了系统分析，针对不同类型的体育评价研制出体育评价决策支持系统。该系统的集成结构体现了以定性分析为基础的定量分析，体现了系统解决体育评价问题的基本思路。

3. 体育管理领域

我国学者建立了体育领域高层次决策智能化支持环境，为高层决策者进行国家宏观的体育发展战略决策以及地区部门中带有全局性的发展战略决策，提供了辅助决策工具。

（二）采用的计算机技术

目前，体育应用DSS都运用了管理信息系统、决策支持系统和专家系统等计算机技术。管理信息系统用于结构化决策，决策支持系统用于半结构化和非结构化决策，这样可较为全面地解决体育领域内各种类型的决策问题。专业系统运用知识和推理，属于定性分析；决策支持系统运用数据和模型，属于定量分析。专家系统与决策支持相结合构成了智能决策支持系统。从DSS的结构来看，体育中应用DSS3库、3库系统较多。

（二）存在的问题

目前，DSS在体育中的应用尚处于研究阶段，还未深入体育系统的各个领域中，应用不多，研究群体也较少。研究工作在某种程度上与决策研究和组织管理的研究脱节，从计算机实现的角度去研究的较多，从决策与决策过程的角度去研究的较少。设计指导思想求全，影响了DSS的实用性。此外，体育应用DSS融合了多学科知识，目前研究者和用户的知识面还不适应发展的需要。

三、体育应用DSS展望

（一）从应用领城看

1. 运动训练领域

田麦久教授曾指出，21世纪运动训练研究的热点仍然集中于对运动训练过程的有效控制，并强调现代科技在运动训练领域全方位与全过程的介入。决策支持系统作为一种计算机技术向运动训练全过程的渗透将日趋明显。利用DSS可对运动员状态诊断、技术诊断、训练计划制订的专家支持系统及训练效果的评价支持系统等进行研究，对研究员自动检索也可进行智能评价支持系统的研究，还可针对某一运动项目的训练过程进行辅助决策支持系统的研究。

2. 学校体育领域

在学校体育领域可以进行体育教学和学校体育管理等方面的智能评价支持系统的研究。

3. 群众体育领域

在群众体育领域可进行运动处方制定的专家支持系统的研究。

应该指出，DSS 不是无所不能的，因为 DSS 实现的载体——冯·诺依曼式计算机固有的缺陷使 DSS 技术存在知识获取的瓶颈、推理的"组合爆炸""无穷递归"及在线实时性较差等问题，所以应用 DSS 时一定要从实际出发，在 DSS 的能力范围内进行应用研究。

（二）从 DSS 的发展看

1. 智能决策支持系统

智能决策支持系统是 DSS 与人工智能相结合的产物。对这个结合过程有两种不同的理解：一种是以传统 DSS 研究为基础，引入人工智能（AI）系统（ES），提出"以 DSS 为主，以 ES 为辅"的结构，即智能决策支持系统；另一种是以 ES 研究为基础，引入 DSS 技术，如模塑技术等，提出"以 ES 为主，以 DSS 为辅"的结构，即专家支持系统。体育领域中 DSS 的研究主要集中于智能决策支持系统的应用，这也是其今后的发展方向。

2. 高层决策支持系统

高层决策支持系统包括战略决策支持系统（SDSS）和决策支持中心（DSC）。SDSS 是支持战略管理的。DSC 是在高层管理部位，配备熟悉决策环境和事务的信息系统人员，支持应急和重要决策的计算机信息系统。目前，体育领域中有关此类系统的研究尚不多见，可针对体育领域高层管理者的典型决策过程（创新性决策、方案选择决策、事件处理决策等）进行支持系统的研究。

3. 分布决策支持系统

分布决策支持系统（DDSS）是对传统集中式 DSS 的扩展，是分布决策、分布系统、分布支持三位一体的，是由多个物理上分离的信息处理节点构成的计算机网络。网络上的每个节点至少含有一个决策支持系统，或具有若干辅助决策的功能。它比集中式系统更可靠，效率更高，更接近大型组织决策活动的实际情况。

4. 群体决策支持系统

群体决策支持系统（CDSS）是对个体决策支持系统的扩展，是面向群体活动的，可为群体活动提供 3 个层次的支持，即沟通支持、模型支持及机器诱导的沟通模式。CDSS 对群体决策的支持既可以是集中式决策，又可以是分布式决策。大多采用分布式和分散式结构，支持"水平方向"的分布式处理，即支持对数据对象的远距离操作，还支持"垂直方向"的分散式处理，即通过用户和各应用层之间的接口，实现应用领域的功能。

根据决策的时间和空间划分，CDSS 具有 4 种不同的结构：决策室是目前应用最广泛的形式，可实现同时同地的群体决策；局域决策网络是在群体决策者不可能同时与会或有关决策信息尚未完全到来的情况下的辅助决策形式，可实现好时同地的决策；电子会议形式是所有决策者在同一时间进入 2～3 个中心，这些中心的地理位置虽然相隔遥远，但在大屏幕上可彼此相见，适于同时异地的群体决策；远程决策的制定可实现异时异地的群体决策，但目前的研究较少见。

第六章 "互联网+"与体育教学融合发展应用

党的十八大以来，我国教育信息化建设进入高速发展期，实现了硬件条件大幅度的改善，教师掌握信息技术的能力得到大幅度提升。随后，党的十九大提出了启动实施教育信息化2.0行动计划的战略决策，为加快教育现代化、建设教育强国开启了新的征程，教育信息化随之进入新的发展阶段。智慧教育作为教育信息化领域的"奋进之笔"，成为教育信息化的重要内容。

智慧教育在以教育信息化促进教育现代化中起着重要作用。合理运用现代信息技术，探索新的教育教学模式，培养创新型人才，是智慧教育的重要组成部分。智慧教育理念具有时代性。智慧教育理念需要通过智慧课堂的实施方能实现。随着社会的发展，体育教育信息化也开始受到学校的关注，体育教育信息化的推进能够创新体育教学方式，有效提高教学质量，进而培养出优秀的社会人才。因此，构建体育智慧课堂，改革传统教学模式已成为时下探索研究的热点之一。

第一节 慕课在高校体育教学中的应用

互联网技术的迅速发展使慕课这种基于大数据的新型学习模式逐渐应用到教育领域，它利用网络、通信、多媒体技术和现代化的教学手段，为公众提供大量优质教育资源。2012年以来，慕课如雨后春笋般快速发展，一场数字海啸席卷了整个教育界。

一、关于慕课的解读

（一）慕课的概念及内涵

"慕课"即"MOOC"是"Massive Open Online Courses"（大规模开放式在线课程）的简称。Massive即"大规模的"，参加学习的人数众多，课程学习的规模巨大；Open即"开放共享的"，注册免费，丰富的学习资源向所有学习者开放，没有资格限定，学习者眼界也随之开阔；Online即"在线的"，授课和学习过程主要通过网络平台进行，师生间、生生间的交流与互动也主要在网上。最初"MOOC"概念是由加拿大学者斯蒂芬·道恩斯（Stephen Downes）和乔治·西门子（George Siemens）于2008年提出的，2011年开始在美国兴起。2012年，美国顶尖大学陆续设立网络学习平台，在网上提供免费课程，Coursera，Udachy，edX三大课程提供商的兴起为更多学生提供了系统学习的可能c这三大平台都是针对高等教育的。2012年，Conrsera宣布其平台下5门课程通过美国教育委员会的学分推荐计划，这标志着慕课正式进入高等教育体系。

历史上出现过两种MOOC，即cMOOC和xMOOC，其中cMOOC已经逐渐淡出舞台，也就是说今天我们所倡导和研究的慕课是xMOOC。cMOOC即基于关联主义学习理论的慕课，这是最早的慕课模式。其以个人为中心，侧重知识建构与创造，强调知识的创造、学习的自治、人的联结。MOOC即基于行为主义学习理论的慕课，这种模式模拟了传统真人教学，以知识的传播和复制为主，教师讲课，学生听完做作业。学习方式是看视频、做作业和考试、在线答疑和讨论。

（二）慕课的基本持征

随着慕课的成熟及其社会影响力的逐渐增强，其特征也越来越明显。

1. 网络性特征

慕课的网络性特征首先体现为通过网络进行讲座和解释。慕课开设者对慕课的内容进行审核之后，可以没有时空限制地将课程上传到指定的慕课平台，供学习者自由、无障碍地参考、学习。其次，慕课的网络性特征体现为线上自由学习和讨论学习多种学习模式共存，学生可以自由选择适合自己的学习方式。最后，慕课系统通过学生的浏览痕迹对学生日常的学习行为进行记录和分析，管理者能够根据这些记录了解学生的学习情况，从而能够对课程进行调节，为学生提供更好的学习资源。

2. 规模性特征

慕课的规模性特征主要体现在四个方面。第一，慕课学习者众多。目前，仅美国Udacity、Courhera，edX三大在线开放课程平台就已经有千万人次注册登录。第二，有大量知名大学和优质的教学资源。世界范围内已有几百所名牌高校及机构参与慕课平台的建设，并在平台上免费与学习者共享一切优质课程资源。第三，慕课教学者众多。慕课的研发和创造包括完整的课程视频制作过程，如上传到终端，及时回答问题，以及组织学生参与对话。每一个步骤都需要专业指导教授以及教育助理、开发人员和实验室助理等通力合作才能完成。第四，课程投入规模大。慕课通过互联网在全球范围内针对学习者的需要进行高质量的授课，因此平台需要充足的资金支持。慕课还要求教师投入大量时间和精力提供课程、设计教学，需要学习者在学习活动中讨论问题。

3. 个性化特征

慕课的个性化特征体现在三个方面。第一，学生可以独立进行个人学习。

学生可以通过教学平台选择学校没有开设的自己感兴趣的课程，根据自己的时间安排学习。第二，课程目标的多样化推荐。平台有多重学习模式可供学生选择，学生可以根据自身需要制定自己的学习目标。第三，针对课程资源的个性化建议。平台基于学生日常的学习痕迹，对学习行为进行分析和总结，推荐众多与学生日常学习有关的学习资源供他们选择和参考，从而大大节省了学生的时间。

4. 开放性特征

慕课的开放性特征主要体现在以下几个方面。第一，对学习对象开放。无论时间、地区、年级、文化、收入和班级，学生都可以随时随地进行在线学习。第二，教学形式开放。慕课平台支持学生在学习和讨论中使用各种社交学习软件，创建和共享一些对自己学习有益的资料。第三，课程和学习资料处于开放状态。慕课有多种丰富的教学资源，使学生在学习过程中能够快捷地获取资源，并且能够根据课堂需要和教学环境的改变而变化，易于进一步拓展与修正。第四，教育理念是开放的。慕课的教育理念是让任何愿意学习的学习者不受时间、空间的限制进行学习，将高质量的教育资源与学习者联系起来。

（三）慕课在国户体肯课程中的发表

随着慕课学习者数量在全球范围内的迅猛增长，我国教育行业的领军者也开始了筋课的设计与慕课平台的建设。2013年4月，重庆大学联合中国人民大学、复旦大学、北京航空航天大学等44所大学建立了"中国东西部高校共享联盟"，这是一个高质量的课程资源共享平台，该平台依托跨学科、跨地区、跨境、跨文化的教育教学理念，有效缓解了各地区高校课程资源不足的问题。在此之前，国家开放大学数字学习资源中心，独立开发并向全世界发布"国家开放大学5分钟课程"的移动学习应用。该应用所承载的课程粒度小、内容精，内容涵盖文化、科学技术、生活、艺术、体育、社会、经济、人、自然、地理、历史等诸多领域，极大地推动了"每个人都学习，可以不时学习，随处学习"的信息化学习环境的构建。2013年，北京大学建立了"北京大学公开课"网站，该公开课面向没有机会就读北京大学的莘莘学子以及社会人员免费开放、极大地促进了我国高校教学资源的开放和共享，也是中国高等教育适应世界高等教育发展新趋势的体现。2013年10月，中国建立了第一个由清华大学和美国在线教育平台edX共同开发的MOOC平台。该平台开设了世界各地知名大学的优质课程，包括清华大学、北京大学、复旦大学、斯坦福大学和麻省理工学院。该平台涵盖了计算机、心理学、体育、教育、文学和历史等数十个领域。

在高校积极建设在线教育平台的同时，政府部门也极力推动慕课的发展。"十二五"期间，教育部、财政部共同创建了名为"爱课程"的"中国大学精品开放课程。该平台为国内众多的学习者提供了大量的多学科优质的学习课程网格学习环境。而年，上海教育委员会创建了"上海高校课程中心"，有效推动了上海高等院校教学资源的共享。为了带动慕课的发展和使学生享受到全国最优质的精品课程，教育部在国家精品课程集成项目建设的要求下，依据教育部教高厅函〔2007〕32号文件批准设立了"国家精品课程资源网"，该平台在全同范围内整合了4000多个国家级质量课程，其中包括374个体育课程。

在国家极力推动下，国内的部分商业网站也开始慕课平台建设。网易构建了"网易公开课"和"网易云课堂"两大大规模在线开放课程平台，新浪网打造了"新浪公开课"开放课程平台，腾讯网、搜狐网等也研发了自己的在线课程平台。另外，还有部分知名媒体网站开始开发在线学习平台。央视网、超星网等都相继研发了在线开放课程，优酷网构建了"优酷公开课学堂"模块。在慕课传入我国之后，慕课平台的建设数量在持续增长，同时我国的优质课程资源被更多的学习者共享。

二、"互联网助推慕课融入高校体育教学

互联网的发展使慕课出现并快速增长。慕课是大规模在线网络开放教育课程，又被成为在线教育"2.0"。它是一种基于网络的、规模庞大的开放课程。个人或组织根据教学需要将课程有目的、有组织地录制成视频形式，并将其发布在互联网上供学习者注册学习，同时保持与学习者之间的交流、讨论以及答疑辅导，目的是促进知识的快速传播。慕课从互联网兴起，对平台建设的研究也离不开互联网。"互联网+"，特别是"互联网+教育""互联网+学校体育"的提出使慕课开始逐步进入学校体育领域，越来越多的体育教师开始尝试学校体育微课、慕课的拍摄与制作，以及参加各种各样的慕课制作比赛。

学校体育运动技术教学的特殊性决定了慕课不能完全替代传统的学校体育教学。慕课融学校体育教学并非两者的简单相加，而是充分利用互联网平台和计算机技术，发挥互联网在学校体育资源配置中的优化和集成作用，让慕课教学与学校体育教学实现深度融合。首先，慕课融入学校体育教学更具有吸引力。在传统的以讲授、示范为主的学校体育课堂教学中，由于受课堂时间、场地环境、课堂气氛、学生性格等各种因素影响，学生的注意力难以长时间保持高度集中。而将慕课融入学校体育教学中，缩短了教师讲解枯燥、抽象技术动作要领的时间。学生可以提前在线学习教师精心设计制作的集知识性、趣味性于一体的，或解疑，或巩固，或拓展体育知识、技术动作的视频。同时，学生可以根据自己对技术动作的理解与掌握程度反复学习、模仿。这样既能激发学生的学习热情，又能提高体育课的质量与吸引力。其次，慕课融入学校体育教学使学生学习形式更加灵活。传统的学校体育教学方式是教师在固定的时间、空间内进行教学。学生因某种特殊原因，如请假，不能在规定的时间上课是现实体育教学中经常遇到的事情，如此，学生很难有机会再次进行系统学习，进而出现非连贯学习、运动技术学习脱节的现象。而慕课融入学校体育教学的方式较灵活，学生可根据自己的时间，在正常上课之前的自由时间内预习，或在因特殊情况而耽误正常上课时进行自学，其学习时间、学习内容不受时间、空间的限制。

三、慕课与高校体育教学的融合

慕课已融入学校体育教学。其作为一种混合式教学形式，构成一种完整的以"问题"为中心的线上学习、交流、答疑，以"任务"为中心的线下互动、反馈、评价相

结合的教学链条模式。

在所搭建的学校体育慕课教学平台上完成运动知识、技能的视频授课以及答难解疑、学习积极性测评，可确保师生之间有充足的课堂交流、反馈时间，使学生成为课堂真正的"主人"。对于教师而言，课堂外要精心设计与制作课程视频，在线互动答疑、统计学生在线学习成果、适时进行形成性评价等，课堂上主要针对不同学生的掌握程度，帮助学生加深对自学运动知识和运动技能的理解与掌握；对于学生而言，要想顺利通过课程学习，除要自行观看、学习教学视频外，还要接受教师面授课、参加课堂讨论以及在线与教师围绕教学任务进行互动交流。

根据"慕课"与学校体育教学融合模式，整个教学流程可以归纳为以下四个步骤。

(一) 慕课视频的设计与制作

教师根据单元教学目标、学生的身心特点将教学内容细化、分解为知识点，即对技术动作进行拆分和组合，搜集、选择合适的教学素材与资源，设计制作，相应的慕课视频。"认知超载"是学生视频学习中最容易出现的现象，其会影响学生自主学习的积极性。因此，教师在设计教学视频时，"课程内容的选取应遵循认知负荷理论，可通过减少视频中无关信息的出现、将抽象内容图形化等方式降低学习者的内在认知负荷，在关键内容展示时做出标记或者文字提醒等以提高学习者相关认知负荷，以此促进学习者的有效学习"。基于此，慕课视频时长不宜过长，公认的微视频"黄金时长"为6分钟。

(二) 学生在线自主学习——以"问题"为中心

学生在教师下一次面授之前可自主选择在线学习的时间、地点，围绕学习任务在指定的慕课学习平台上自主观看、学习教学视频，并在观看、学习的过程中紧紧围绕教师提出的"问题"将自主学习过程中难以理解、掌握的运动知识与技能记录下来，并且在线完成教师提前设计好的与"问题"相关的理论测试题目。同时，学生围绕自主学习所遇到的疑难以及理论测试错误题目可重新观看视频并在线与教师、学生进行集体讨论交流、分享自身的学习心得，从而更好地理解所学知识。在利用平台进行交互的过程中，线上平台应当充分发挥教师社会临场感的作用，努力增强在线学习者的凝聚力与归属感，使学习者快乐、不孤单地学习。

(三) 教师课堂面授——以"任务"为中心

教师课堂面授环节主要采用任务驱动法。以"任务"为中心，激发学习者的兴趣；以教师为主导，学生为主体，提高学生自主探究与协作学习的能力。首先，教师围绕学生在线学习情况、疑难问题简要进行反馈、评价，并开展补充性讲授；其次，根据教学目标、教学重难点以及学生在线自主学习情况，设计具有挑战性和探究性的任务，并将学生分组；各组成员围绕"任务"共同讨论、商议、分析、决策，合理分工、相互协作以至于最终完成任务。协作探究活动在充分体现学生主体地位的同时，对培养学生独立思考、分析并解决问题的能力、沟通能力、包容能力有积极的作用。通过课前在线自主学习、交流、讨论、教师答疑以及课内的小组任务探究，学生要有针对性地进行成果展示。教师根据学生的课堂表现、成果展示，在线学习、参与讨论的热情度，讨论交流次数、效果，理论测试成绩等实时对学生进行形成性评价。

（四）课下知识巩固与练习

经过"线上+线下"的混合式学习，学生对知识点和基本技术动作有了清晰的认识与熟练的掌握，然而运动技能的获得还需要持续不断的练习。因此，单元教学任务完成之后，学生仍要继续进行课下知识的巩固与运动技能的反复练习，并且要接受学期末的技术测试，在教师结合形成性评价对其进行终结性评价后，方能通过课程考核。

第二节　翻转课堂在高校体育教学中的应用

现代化信息技术的飞速发展给人们的生产、生活带来了巨大的变革，创新的技术理念才是真正改变人类发展进程的推手。近年来热度不减的"互联网+"就是推动经济社会进步的先进理念之一，将"互联网+"的理念运用到教育教学工作中既是"互联网+"漫延发展的必然，也是新时期实现教育现代化、教学信息化的必然。"互联网+"将互联网与各传统行业相加，这里的相加并不是，简单地将两者的内容要素等放到一起，而是要实现融合发展——互联网与传统行业的各要素既能发挥其本身的作用，又能相互之间产生深度的融合，发生联系，从而实现1+1>2的实际效果。

在教育现代化发展的推动下，在高校体育教学中尝试实行"翻转课堂"的教学模式，这是一种有效的教学改革发展策略，对接下来的课程改革和教育创新也具有重要的启发意义。

一、翻转课堂的基本理论

（一）翻转课堂的内涵

翻转课堂一词源自英文词汇"Inverted Class-room"或"Flipped Classroom"，通常指重新调整教学课堂内外的时间，从本质上讲，翻转课堂中学习的决定权不再属于教师，而是由学生掌握。在翻转课堂教学中，学生能在课堂中有限的时间内更专注地开展学习活动。对于全球化的挑战、本地化的挑战、现实世界中存在的问题，教师与学生可以一起研究、解决。在课堂教学开展的过程中，教师不会再耗费大部分的课堂时间讲授信息，但是在课堂教学结束以后，学生需要自主地完成这些信息的学习，学习方式包括听播客、看视频讲座、阅读电子书，或者在网络上同其他同学互相讨论。综上所述，翻转课堂教学模式中，学生可对自己所需的材料进行查阅，且教师同每一个学生进行交流的时间也增多了。当课堂教学结束后，学生能自主地对学习节奏、学习内容与知识呈现方式进行规划，实现个性化学习。

（二）主要特点

翻转模式之所以被人们广泛关注，是因为其具有以下几大明显特点：

1. 教学视频短小精悍

不管是亚伦·萨姆斯与乔纳森·伯格曼的化学学科教学视频，还是萨尔曼·汗的数学辅导视频，都具有一个显著的共同点，即短小精焊。即便是较长一点的视频也只有十几分钟，而大部分视频通常只有几分钟。但是，每一个视频都具有很强的针对性。同时，网络上发布的视频可以回放、暂停等，学生可自由控制。

2. 重新建构学习流程

学生的学习过程一般包含两个阶段。第一阶段是信息传递，在教师与学生之间的互动、学生与学生之间的互动中完成。第二阶段是内化吸收，需要学生在课堂教学结束以后自己完成。学生在自己完成的过程中，由于缺少教师的支持与同学的帮助，往往在内化吸收阶段出现挫败感，进而丧失学习的动力与成就感。

翻转课堂教学模式重新建构了学生的学习过程。第一阶段的信息传递是在课堂教学开始之前由学生完成的，而教师在提供视频的同时，还提供在线辅导。

第二阶段的内化吸收是在课堂教学的互动过程中实现的。对于学生存在的学习困惑与困难，教师应该提前了解，同时在课堂教学中对学生进行有效的指导，而学生与学生之间的互相交流活动对学生内化吸收知识的整个过程有一定的促进作用。

3. 复习检测快捷方便

当观看完教学视频以后，学生就会看到视频结尾处出现的几个小问题。通常是四个或五个，它们能帮助学生及时检验自己的学习情况。如果学生不能很好地解答这几个问题，就应该回放一遍教学视频，仔细思考出现问题的原因。同时，云平台应及时地对学生回答问题的实际情况进行汇总、分析，使教师更客观、全面地了解学生的学习情况。教学视频的另一个明的优势，就是方便学生一段时间以后对所学知识的复习与巩固。伴随评价技术的不断发展，学生学习环节具有足够的实证性资料支撑，这对教师在真正意义上了解学生是非常有帮助的。

（三）翻转课堂的实施条件

1. 完备的网络教学设施

翻转课堂由在线网络教学平台和实际课堂两个平台共同构成，最终实现了信息技术与教学过程的深度融合。在线网络教学平台的构成包括网络教学设施的硬件和软件两个部分，硬件主要包括计算机、智能手机等电子终端，软件主要指网络教学系统。教学资源的上传、在线测试、师生之间和学生之间的评价、作业的发布、教师对学生学习状况的了解和监督等都离不开网络教学设施的支持，这是该模式实施的前提条件和基础。随着互联网、电脑、智能手机等在高校的普及和各个高校对多媒体教室建设力度的加大，我国普通高校的网络教学设施正在逐渐完备，这为翻转课堂教学模式的实施提供了有力的支持。

当前，可供选用的网络教学系统较多，如Canvas、Moodle等软件都可作为网络教学系统形成在线网络教学平台，有些学校已经引入较为成熟的网络教学系统并在全校范围内开始实施。例如，北京邮电大学、复旦大学、上海交通大学、河南理工大学等已经开始广泛使用 Sakai 网络教学系统作为在线网络教学平台以辅助日常教学。在线网络教学平台一般又分成不同的模块，各个模块分别具有不同的功能。综合来看，各种网络教学系统所形成的在线网络教学平台，主要由教学资源上传模块、师生交流答疑模块、在线测试评价模块、学生信息资料模块、作业发放回收模块、问题讨论模块、学生成果展示模块以及通知发放模块等组成。

2. 学校教学管理部门的支持

学校有专门的教学管理部门，并制定有专门的教学工作赖规定，甚至还有资深教师组成教学督导小组。现有的各种教学管理规定虽然给教学的开展提出了明确的要求，但也为新型教学模式的实施制造了障碍。翻转课堂在教学结构、教学程序、课堂的组织与管理、教学效果的评价等方面超越了传统教学管理的规范性要求，在课堂组织管理方面不再像传统课堂那样始终整齐划一，在教学设计上，课前的自主学习主要培养学生识记、理解这种相对低级的思维能力，并通过自我测试和评价等环节，适当发展学生的高级思维能力；课中主要通过教师的组织指导，培养学生的应用、分析、综合、评价等高级思维能力。在现有教学管理规定的限制下，这一创新性的教学模式要想得到顺利实施，首先要得到学校教学管理部门的支持。如果依旧采用传统教学那套管理办法来衡量翻转课堂的效果，任课教师在实施翻转课堂时就会面临较大的困难。

3. 专门的师生培训

各级各类学校的教学都是随着社会的发展而处于动态发展之中的，因而专门的教师培训需要持续进行，教师只有与时俱进地提高自己才能胜任教学工作。在一种新的教学模式实施之前，对教师的专门培训也是必不可少的，教师只有真正领会新模式教育教学理念、实施条件、实施办法及要求等，这一新模式才能被有效实施于相关课程的教学之中。

二、翻转课堂与高校体育教学的融合

（一）课前阶段

教育教学最主要的目的是实现预期的教学目标，而教学目标则是教学活动开展的重要向导。因此，在高校体育教学的课前准备阶段，首要任务就是构建完善合理的教学纲要、制定科学的教学目标以保障课堂活动的顺利开展。课堂教学目标应从多维度进行制定，以提高教学的有效性，让教学目标具有相应的动态性。在实际教学中应对教学目标进行不断的调整与优化，让体育翻转课堂三个教学阶段产生紧密的联系。此外，在教学中应根据教学纲要与目标的要求明确教学中的重点知识。翻转课堂中的体育课程内容应具备一定的系统性与整体性，结构上应具有一定的科学合理性，要能够按照学生的认知能力和现实生活挑选合适的材料，同时要结合教学内容特点对这些材料进行二次加工。在教学目标中应罗列出相对应的教学任务与详细内容，通过多媒体课件比学生深入了解体育动作的相关技巧与要领，也可利用Flash动画或视频影像帮助学生学习。教师应将这些材料作为学生课前自主学习的重要资源，而这些资源，教师可自行制作，也可利用网络资源。为了让学习更加直观，便于学生理解，教师在选择网络材料时，应对所挑选的素材进行加工，可适当添加文字介绍，使学生对所学内容了解得更加深入。对于较为复杂的体育动作，可利用动作与图像解说的方法向学生展示，这样既能够激发学生的学习兴趣，也可以让他们掌握每个动作的细节。比如，背越式跳高过杆的动作，在传统课堂教学中通常无法将动作要领全方位展示给学生，也无法直接为学生详细讲解过程中后仰动作应注意的事项，但通过翻转课堂教学模式，利用视频便可让学生在课前自主学习阶段掌握其中的动作要领。体育教师在制作教学视频时，应把握好视频的整体时间，视频内容应充分结合教学目标，并按照教学板块由简到难进行安排，让学生在理解基础理论知识的基础上，掌握各个动作的要领，切实保障教学目标的实现。

（二）课中阶段

在课中教学阶段，学生提出具体问题，教师针对学生提出的问题进行详细解答并根据标准示范展开体育运动技能教学，进而帮助学生更好地理解与掌握所学课程内容，完善学生自身的知识结构，以此达到预期的效果。因此，体育教师在课中教学阶段，首先应确立教学任务，掌握学生在课前自主学习阶段遇到的问题，对相关问题进行整理归类，在教学中让学生按照问题的类别展开小组讨论与交流，通过组内探讨的方法解决某些问题，让学生主动进行思考与协作学习。耐于学生组内讨论后无法解决的问题，体育教师则可在掌握相应知识的前提下对他们进行科学有效的指导，这样不仅可以让学生学到知识，还能加强他们解决问题的能力。在体育翻转课堂教学模式中，学生通过课前的自主学习了解并掌握了某些动作技巧，进而充分节约了教师的讲解时间，为学生课堂训练预留了更多时间。在帮助学生解决完疑难问题后，还要按照不同学生的实际水平展开针对性的训练，并对训练中发现的错误加以纠正与总结，进而确保课堂教学的实效性。需要注意的是，教师在纠正学生错误的同时，要让学生真正明白导致错误的原因，以此培养他们的自我纠错能力，还要让学生在学习动作要领时进行常识性的解说与示范，这样才能在掌握动作要领的同时，帮助其他同学。对于学生而言，课前的自主学习通常适合记忆层次上的基础学习，因而会遇到许多自己无法解决的问题，而课中教学阶段的主要目的就是解决学生课前学习中遇到的相关问题，通过课堂中学生之间的讨论——解决，而对于解决不了的问题，则需要教师的指导与帮助，以此调动广大学生的积极性，促使他们踊跃参与到课堂讨论中，自由表达个人的想法与观点。在讨论中，教师要将学生划分成相应的小组，各个组要选出组内代表，对学生自主学习中存在的问题展开分析与研究，教师对各个小组的问题进行总结整理。这个过程不仅使学生掌握了知识，还拉近了师生间的距离，真正提高了体育教学的整体质量。

（三）课后阶段

高校体育教学应在课程结束后对学生在翻转课堂中的实际学习状况与表现进行综合评价，对学生在课中训练上常见的问题与失误加以总结，并要对他们在体育动作与技巧学习上的态度和效果进行全面了解。教师针对学生在翻转课堂中共同存在的问题制定相应的解决方案，通过提供多媒体课件与教学视频等为学生的自主学习提供自由充足的空间。学生课前自主学习的具体效果需要教师在课堂教学中进行检验。在检验中，教师可让学生通过示范或充当临时教师角色的方式详细讲解相关动作与技巧。这种方法技能让学生掌握体育动作要领，又能进一步提高学生的自我表现力，有助于广大学生的全面发展。此外，体育教师也要帮助学生有效巩固课堂所学内容，可财务课后强加练习的方式，也可采取小组讨论的方式，使学生加深对所学知识的印象。

三、"互联网+"背景下翻转课堂体育教学存在的问题及发展趋势

"互联网+"持续变革翻转课堂实施的技术手段和理论设计，迫切需要构建适应"互联网+教育"形态翻转课堂的实施环境和教学模式。根据已有研究发现主要存在以下问题：（一）翻转课堂教学环境固化严重且创新性不足，表现在实施过程同质化倾向，使用支撑技术普遍较为落后；（二）翻转课堂教学囿于传统课堂且网络化应用存在瓶颈，表现在网络化应用在课堂教学中受到较大限制；（三）创新的技术工具和环境与学科课程整合深入度不够且效果不佳，表现在实际采用先进的技术环境并没有对于教学效果产生显著影响等。

同时，创新的技术环境和模式却在不断渗透进翻转课堂教学：二维码教学丰富了课堂信息便利化和多样化传播方式；学习分析技术相关软件应用改变了教学评价和反馈方式；移动APP组织教学创新了课堂内外的互动教学方式；微课程的移动终端化和网络化，促进了以学生为中心的个性化教学形成等。开展"互联网+"背景下翻转课堂教学研究，试图探究"互联网+"带来的翻转课堂教学深层次的转型变革，重构传统课堂教学适应翻转课堂教学的创新教学环境和教学模式，生成网络翻转课堂教学的创新性教学环境和教学模式，深化翻转课堂教学的层次和水平，提高基于翻转课堂教学的效果和效益，促进学校教学改革与创新型人才的培养。

四、"互联网+"背景下翻转课堂体育教学研究框架

（一）基于"互联网+"环境翻转课堂体育教学环境体系

"互联网+"变革教学存在两种趋向：一是传统课堂教学形态，通过"互联网技术配置与理念创新，实现传统课堂形态的转型升级，构建面向网络时代的传统教学结构；二是全网络教学形态，通过创造性的技术工具开展完全虚拟的网络教学，创新教学结构新模式，构建面向未来的虚拟教学结构。相匹配的需要构建两种"互联网+"翻转课堂教学形态模式，即传统翻转课堂教学形态与网络在线翻转课堂教学形态。环境体系是支撑教学体系的基础，进行两种翻转课堂教学形态的设计研究，需要预先架

构两类环境的环境体系，基于设计的科学环境体系配置与之相匹配的硬件设备与软件。

传统翻转课堂体育教学形态教学环境体系：资源体系，以微视频为基础的视频资源的设计开发，资源应当既适应传统网络环境的传播，又适应在移动终端设备上的传播，适应泛在环境下翻转课堂教学需求；教学软件，具有教与学两种功能，提供最优化的教学便利与最优化的学习便利，实现教师与学生、学生之间多向多媒体互动，同时具有教学与学习状态分析功能；硬件设备配置，包括课桌椅的灵活性移动变动以及教与学硬件设备开发摆放；课堂环境监测，包括课堂物理环境的实时调节，师生教学过程状态的大数据监测等。

网络在线翻转课堂体育教学形态环境体系：资源体系，适合网络实时传播与展示的资源设计开发，适合网络实时共享与动态生成的资源运转模式；教学软件，适合网络同步与异步教学的软件设计开发，软件功能架构应当体现网络教学新形态需求；硬件设备配置，适合同步与异步教学的教师终端硬件设计开发，适合同步与异步学习的学生终端硬件设计与开发；课堂环境监测，包括师生同步与异步教学过程状态的大数据监测等。

（二）传统翻转课堂教学智慧体育教学模式设计与实践

传统翻转课堂体育教学发展趋势走向智慧教学：翻转课堂适应了智慧型、创新性人才培养需求，需要利用智慧教育的技术特征，即可视化技术、推送技术、情境感知、泛化学习、按需交互等，融合泛在学习、混合学习、移动学习等先进学习模式，集成开放建设、共享应用、动态生成、智慧进化的学习资源，创新深度教学、智能教学、开放教学模式，以智慧校园、智慧教室、智慧社区、智能软件为依托，构建智慧教师与智慧学生的能力结构模型，实现智慧教学与智慧学习。

传统翻转课堂体育智慧教学模式设计构建：设计学生课前知识传递的自主与协作学习模式，保障记忆、理解类知识的掌握；设计高效的课堂知识内化模式，以培养学生高阶认知能力为目标组织教与学活动，以教师为主导、学生为主体理念增强学生参与意识，以可视化监测学生学习状态为参考，实施及时有效教学干预，实现学生深度有效学习，培养学生高阶认知能力；设计保障课后知识巩固与创新知识生成的问询讨论模式，实现知识同化与顺应完善认知结构。最终形成生态化的传统翻转课堂智慧教学实施方案，进行多轮次的教学实验修改完善。

（三）网络翻转课堂体育教学在线教学模式设计与实践

网络翻转课堂体育教学形成与发展受益于网络教学的快速发展：网络教学时空分离的特性迥异于传统教学，数字化资源形式多样且海量存储，教师的教学行为、学生的学习行为、师生互动方式均发生了根本性的变革，网络教学正在实现将物化形态的技术与观念形态的技术进行前所未有的深入融合，发展结果将会构建网络教与学体系，形成同传统教学共存的教学新形态，随之将会创新网络教学系统，形成网络教学设计体系，产生同学习者认知结构相适应、认知过程相契合的教学模式。网络教学设计理论层面的研究涉及网络教学设计样式、有利于深度学习的教学设计、网络课堂生成性教学设计等方面，网络教学设计实践层面的研究涉及开放教育教学设计、网络课程教学设计、信息化教学设计等方面。

吸收网络虚拟教学优势，基于在线教学环境设计体系，以变革在线教学新形态为发展目标，构建网络在线翻转课堂教学模式；设计适合网络知识学习的课前知识传递模式，主要是在教师指导下的异质分组，进行自主知识学习与协作交流互助学习；进行在线课堂教学设计，主要是根据教学需求分析，在学习状况评测的基础上再次进行异质分组；在线课堂知识内化设计，主要是立体教学环境创设与课堂教学实施过程设计；在线课后知识巩固与创新拓展设计。在实践教学的基础上在师范生专业中进行推广实施。

（四）基于"互联网+"环境翻转课堂体育教学评价体系

构建评价体系有利于实现翻转课堂生态化发展：评价有利于教学模式与学习方式的持续改进，不断提高教学与学习效果；评价有利于完善改进教室物理环境，创新传统教室整体建筑；评价有利于优化教室数字化设备，一是创新设计教与学设备，更加切合实际教与学；二是优化布局数字化设备，弱化外在设备对教与学的阻碍，深入融合于教与学之中。

基于设计与实施过程情况，利用科学的指标体系构建方法，形成符合两类翻转课堂教学的评价体系：学生学习效果的多元评价方法与体系；教师教学过程、教学设计方案的评价体系；教师教学效果的评价体系。在评价过程与形成结果的基础上，提出促进"互联网V'环境下翻转课堂教学有效实施的策略体系，从而对于提高高校课堂教学效果和改进人才培养模式起到一定的借鉴作用。

第三节　微课高校体育教学中的应用

说起微、小课程这类课程的发展，最早要追溯到"微博"的出现，它的出现给微课的发展带来了契机，在这之后各类与"微"相关联的信息、内容，出现了井喷式发展。朋友圈、快手短视频以及我们教学中使用的一些课程视频等都产生于"互联网+"的大环境下。"微"已经与我们形影不离了。在我们的体育教学中也相继出现了利用多媒体的各种体育微课、体育微课视频等。

一、微课是什么

（一）微课简述

随着互联网的大力普及以及信息技术的快速发展，如何将互联网与教育紧密结合在一起，找到一个更适合当下学习者的学习方式，是所有教育者共同的愿景。"微课"最早起源于美国，经历了从无到有、从繁到简、从封闭到开放后在教育界掀起了一股信息时代教育改革的潮流。

"自主学习""终身学习"这两个学习目标可以说是每一个教育工作者所追求的理念。微课教学凭借特殊的优势，可以说是"自主学习""终身学习"走向成功的重要途径，其正以意想不到的速度将移动端的线上学习发展成为当下最炙手可热的新方式。"互联网+教育"在信息技术的支持下，将学习内容变得更加丰富多彩，更加开放共享，人们的接受度也越来越高。微课教学视频乘着东风，不断创新学习形式，促进教育更好、更快、更普及地发展。这种教学形式的诞生与奥地利因斯布鲁克大学Theo Hug博士有着紧密的联系。它是移动端微型课程教学的雏形。经过反复论证，他认为"微型学习是将学习内容分割为较小的学习模块，并且聚焦于时间较短的学习活动"。通过研究我们发现，微型学习发展至今，最显著的特点就是对我们的学习进行了重新规划。它容量微、内容精练，表现方式丰富多样，如有图片、文字、音频等，微型学习之所以如此风靡，正是因为微型课程有"短""小""精""活"的特征，契合了当今现代化时代发展的快节奏。

（二）微课教学

"微课"是以音频或视频为主要载体表现教师的教学内容，进而展开教与学的过程。微课教学视频的成功与否，在于课程设计的思路、课程的安排、课件的准备、学生是否能够接受并学到知识、课后的辅导复习等。可以按照教师的教学或者学生的知识需求，随意组合视频内容，可以将一个完整的教学视频分散为几个知识模块的视频，也可以将分散的知识模块视频整合成一个完整的视频，从而来满足教师教学和学生学习的各项需要。"微课"以精炼形象的音频或视频为表现形式，展示专业学科中的某一个知识点，使学生能够更形象地学习到学科知识。其通过独特的短小精悍的内容，集中学生的注意力，帮助学生充分汲取知识，提供便捷的课后知识点巩固练习。"微课"在内容上一般针对课堂教学中的疑难点，通过精心设计，用音频或视频方式，针对性讲解、示范，知识内容可能是学科理论，也可能是课题活动、实践操作等，内容广泛、形式多样，根据不同学科的不同性质、不同老师的不同教学风格，个性化地设计出形式多样的微课教学主题和内容。

（三）微课教学设计

微课教学具有多元化的特点，具有多种设计方式，但是基于基本教学设计进行新型教学设计需要注意三个基本维度：知识与能力、过程与方法、情感态度与价值观。结合这三个维度利用网络在线视频课程进行教学的教学模式是一种对所教学科的知识点或者教学中的某一内容进行情景化视频设计与制作开发，以达到让人直观接受的教育教学的新模式。我们在传统的教学过程中引入这种创新的教学方式，可以使学习者自行利用微课对重点知识进行巩固，从而起到改变传统教学的学习氛围的目的，为我们的学习者提供良好的学习环境，让学习者真正做到学以致用，养成学习的好习惯。微课教学是在移动设备上展开的，一般采用网络在线播放形式，根据微视频时间短、内容精的特点，微课视频的大小基本控制在很小的范围内。随着4G甚至5G网络的发展，现在大部分地方的网络均可保证视频的在线流畅播放。学习者可以在任何时间段，选择在线观看或下载微视频，实现移动远程听课和个性化、碎片化学习。此外，微课的发展也对教师进行课后观摩、评课、反思和研究起到促进作用。

二、高校体育微课的设计

（一）体育微课内容选择

1. 确定选题

在针对体育课程制作微课时，只有将研究重点放在对运动技能的教学上体育课上的应用效果。微课设计在选题时要注意抓住教学难点，最好是将单个知识点拿出来讲明白、讲透彻，这样才能体现出微课精悍的特点。微课并不仅仅是一节短短几分钟的网络微课程，它是一整套逻辑严密，循序渐进、相辅相成的信息化教学体系，研究主要以"大学体育-篮球"这一课程为例，拟设计6节完整的动作教学微课，分别为"篮球运动的发展""球感练习""运球动作与练习方法介绍""传球动作与练习方法介绍""单技术动作教学""防守动作与练习方法的介绍"。因为课程的设计理念及设计方法大致相同，又因为投篮是至关重要的一项技术，所以我们选择对"单手肩上投篮技术动作教学"这节微课的相关设计进行进一步阐述与分析。

2. 途径选择

在体育类微课设计中，为了让学生建立基本的动作表象，形成正确的动作定型，在开发途径的选择上既要有完整的视频、分解动作讲解的图片，还要加入重要知识点的巩固加深，所以我们决定采用组合型开发途径进行本节微课的制作。

3. 前期分析

（1）学习者特征分析。本次研究我们选择的教学对象为鲁东大学一年级的两个班级。作为新时代的大学生，相比中学他们在学下上的自觉性有了很大的提升，依赖性减少，对新事物的接受能力普遍增强。在高校中，学生的自主时间明显增加，对课程的学习不仅仅停留在课上时间，他们变得更加善于利用课余实践。在对知识的获取上更加自主，更加期望丰富多样的形式。鉴于学生主义力的有限性，我们要将微课的实践尽量保持在10分钟以内，这样才能保证学生有时间、有兴趣进行微课的学习与反馈。

（2）教学内容分析。本次研究主要建立在"大学已于-篮球"的一系列课程上。篮球运动属于普及度非常高的一项运动，在我国也得到了广大人民群众的认可，属于非常典型的竞技运动。对于高校学生来说，篮球运动的学习难度适中，对增强学生的团队意识与竞争意识具有积极作用。

（3）教学目标分析。①知识与技能目标：结合微课的学习在课余时间多加练习，进一步巩固、加强篮球基本技术的动作规范性与提高投篮准确性。②过程与方法目标：学生在学习中要及时在平台上反馈学习情况，同学间要多加交流，共同进步。③情感态度与价值观目标：通过学习，进一步提升学生对课余时间的科学有效利用。促进学生逐渐养成良好的运动习惯与克服困难不断挑战自我的竞技意识。

（二）体育微课教学设计

1. 微课教学模块设计

在此以单手肩上投篮技术动作教学为主要介绍内容将本节微课内容设计为五个模块，主要包括介绍单手肩上投篮、完整动作示范、技术动作讲解、慢动作示范及技术讲解、介绍练习方法，并对每个模块的设计方式、教学目的及设计用时做简要说明。具体内容如表6-1所示。

表6-1　微课内容模块设计

模块编号	知识点编号	设计内容简述	呈现形式	教学目的	用时
模块一	1	投篮及单手肩上投篮	图片+文字	使学生了解所学技术动作	60s
模块二	2	正面完整动作不范	视频	建立正确的动作表象	30s
	3	侧面完整动作亦范			
模块三	4	基本技术动作讲解	图片+文字	使学生了解技术动作要点	60s
	5	重难点技术动作讲解			
模块四	6	结合慢动作讲解技术动作要领	视频+文字	在了解的基础上进一步体会动作细节	90s
模块五	7	讲解练习法	视频	指导学生掌握一定练习手段	30s

2. 微课的课件设计

本研究在进行微课设计的过程中，针对设计内容及现有的技术条件，在进行相关素材的选取和制作时，首先通过文献及资料进一步明确了篮球单手肩上投篮的技术动作规范，进行了完整动作示范的视频录制、分解动作的定型图片及相关知识讲解、教学重难点的突出讲解等资源收集与设计。其次，利用PPT将资源进行合理整合。再次，QuickTime Player通过录屏加上解说配音的方式将微课制作完成。

（三）体育微课设计评价

教学评价以总结性评价为主，在微课学习完成后，主要根据学生的调查问卷结果和测试题的反馈评价学生的学习效果。在微课学习过程中，我们也可以通过访谈及时了解学生的学习情况，以便及时发现问题，并能针对性地解决问题。

三、"互联网+"背景下微课在高校体育教学中的融合与实施

（一）微课应用平台的确定

微课要想系统地帮助学生完成自主学习，必须要有平台支持，也就是说要把微课资源集中放在某一平台上供学习者自主学习，这样才能更好地发挥微课的效果，因此微课应用平台的选择非常重要。

网络教学平台是早期的一种教学服务平台，它可以实现完整的教学过程，包括教

学设计、教学内容、教学活动、教学评价等。它是一种较好的在线学习服务平台，微课的实施也可以在此平台上进行，只要把相关的资源上传到平台上即可，学习者登录这个平台就可以系统地进行微课的学习，不过这与传统的网络教学有些许相似之处。为了与传统网络教学相区别，可以对资源设计和活动设计进行一定的创新。因此，在选择微课应用平台的时候要考虑多方面的因素，学习对象集中、学习内容较多的时候可以选择采用网络教学平台。

目前，另一种网络学习平台渐渐进入人们的视野，也日益被大家所熟知，它就是微信公众平台。微信公众平台是一个包含着文化传播、人际交往、社会心理、生活方式等多种复杂语义的平台，一方面它可以使用户享受到二维订阅、消息推送、品牌传播等个性化服务。而且微信公众平台是向公众开放的，它操作简单便捷，我们可以通过QQ号码申请微信公众号，并在微信平台上实现文字、图片和视频的交流和互动。另一方面，学习者只要拥有能上网的智能手机和微信账号就可以接收平台推送的消息，包括定期推送的学习资源，从而可以轻松完成自主学习和移动学习。

高校大学生个性鲜明，追求主流，具有较强的自主学习能力，他们是信息技术和新思想传播的重要群体。与网格教学平台相比，微信公众平台更加适合他们开展微课学习。此外，学生已经拥有智能手机、iPad等移动设备，微信更是他们常用的聊天工具，他们也曾经运用过移动设备进行学习，于是利用微信公众平台进行学习是他们非常乐意接受的学习方法。学生乐于尝试新事物，敢于挑战新方法，这就为微课的实施提供了重要的条件基础。

（二）微课的具体实施

在确定选择微信公众平台后，笔者首先在微信公众平台上申请注册了一个订阅号，根据课程名称和微课特色命名为"体育微课学堂"。其次，将之前设计好的微课资源逐一上传到微信公众平台上，在上传过程中，由于每个视频的上传容量限制在20M以内，对于个别较大的视频需要利用视频编辑软件进行压缩或剪切，图文类的微课则利用Word文档对文字和图片进行编辑和处理。再次，将微课资源推送给每一个学生，目前刚申请的微信公众平台每天只能推送一条消息，这就需要提前完成微课资源的上传。最后，要求学生根据推送的微课资源进行课程的学习，并在课程学习后对学生进行问卷调查和测试评价。

微信公众平台对微信号的管理，与QQ群不同，用户需要凭借用户名和密码登录微信公众平台，且每次只允许一个人登录到平台上管理和发送资源，在群发消息时需要申请注册人微信确认后才可群发。笔者在群发微课资源前，先通过自己的手机预览所要群发的消息，预览时查看消息的文字大小、文字段落间距是否适合、图片的排版是否恰当、视频的播放是否流畅等，并发送到特定的微信号预览查看，最后根据查看后的反馈进行修改和完善。

1.课前准备阶段

高校体育课基本以室外活动或体育场馆内活动为主，因此在正式上课前有3～5分钟的学生集合时间，这段时间不进行正式的体育授课，但是可以通过微课的形式将这几分钟时间和正式的体育教学联系起来。首先，可以通过讲授型微课对学生进行体育课前教育，引出体育课的正式教学内容。教师通过口头语言方式向学生传授知识，以篮球课为例，课前可以简单地介绍下本节课需要学习的篮球技巧，教授这些篮球技巧的应用情形、运动原理等，使学生在正式授课前对本堂课内容有一个简要的了解，方便正式授课时的教学展开。其次，教师可以按一定的教学要求向学生提出问题，学生利用其个人知识进行回答，达到课前互动的效果，既能加深师生间的联系又能激发学生的兴趣。依旧以篮球教学为例，很多大学生都有其喜爱的篮球运动员，教师可以联系这些内容进行引导式提问。例如，最喜欢篮球运动员的哪个动作、最喜欢的篮球运动员在篮球比赛中的位置和作用等相关问题。又如，要进行三步上篮的体育教学，可以选择三步上篮较出名的体育运动员进行引导式提问。通过问答的方式引出本节课要开展的体育教学内容，增强教学连贯性。

2.课中教学阶段

体育课教学安排不同于文化课教学安排，其在本质上是理论教学、试验性教学和实践性教学相结合的综合性课堂，因此在课中正式授课时，很多阶段都可以加入微课的运动训练。例如，在理论教学阶段，教师可以通过演示型微课的形式，将与本堂课教学所用的器具或与运动要领相关的视频展示给学生，使学生通过最直观的方式了解并学习体育知识。

以"篮球单手投篮"微课为例，分析面向解决程序性技术问题的微课及其应用，凸显信息技术植入体育课堂的效力。篮球运动是高校学生教学的重点内容，对提高学生全身协调性有着积极意义。该课程的教学重点主要有原地单手肩上投篮（蹬、抬、伸、压、拨）、双手胸前传接球、传球（蹬腿、伸臂、拨球）、接球（迎球缓冲护球）等。在传统教学中，教师必须一遍遍演示，可往往教师已跳得满头大汗，仍有学生没有很好地掌握该项技能。原因在于动作的转瞬即逝和容易受突状况影响等客观因素的限制，学生不能全方位集中注意力观摩教师的动作。而利用多媒体教学这一创新手段，就可以较好地突破教材的重难点，学生也可以不受时间和场地的限制反复学习直至掌握。

学生通过互联网可以无数次地重复观摩学习短而精的微课，而不受限制，这给了学生更大的学习自由度，从而提高体育课的教学效果。通过播放"微课"视频，展示超标准的技术动作，再配合简洁的讲解，环环相扣，巧妙借助信息技术解决了教学的重难点。对于一些难度较大的体育动作，教师课上讲解，学生于课前课后多次播放微视频，便可领悟动作要领。教师甚至可以在课上引导学生分组拍摄"微课"视频，课后制作自己的"微课"，学生把自己的作品与教师制作的"微课"进行对比，这种在玩中学习的方式，不但加深了学生对学习内容的理解，更为重要的是提高了他们的学习兴趣。通过"微课"突出了重点，简化了难点，教学效果可观，重点和难点的讲解问题也迎刃而解。此外，表演性微课在高校体育教学中也有运用的可能，只不过这类微课有其适用条件，不适合技能型体育，适合以欣赏活动为主的教学，如大学开展的健美操体育课、啦啦操体育课等。

3. 课外活动阶段

高校体育课并非课上教学结束就真正完结，其教育的目的在于使学生熟练应用某些体育技能，并能参与到课外活动中，因此高校体育课教学也需要将课外时间联系到高校体育课教学中。这种联系可以通过微课来实现，可以通过建立体育活动小组、安排课下探究活动等形式进行。依然以篮球课为例，篮球课程以学生熟练掌握篮球技巧为教学目的，因此课外延伸部分极其必要。可以通过微课引导学生自发形成合作学习小组，自发组织课外篮球活动，共同探究篮球的进阶技巧等。

在大数据时代，新型的教学模式不断诞生，体育也可以对传统教学模式进行创新，利用互联网平台进行课堂教学的拓展。把体育教学像网络游戏一样，划分为入门级、提高级、竞技级，把教学中的各个重点、难点以"微课"的形式拍摄制作成视频或简洁的PPT，使复杂的体育教学内容变得生动直观，难点、重点的讲解也清晰明了，自由的时间、自主的学习内容更容易激发学生的学习兴趣。让学生参与体育学习内容的"微课"的制作并在网上展示，使学生积极参与到体育课堂中，培养学生善于观察、发现问题的能力，同时将学生课内课外的学习连接起来，增加学习的广度和深度。体育教学的创新改革有助于提升体育教师的专业发展。创新体育教学模式切合学生发展的实际需要，对整合优化教育资源、提高教学效率具有实际意义。

综合来说，微课在高校体育教学中的应用已经有一段时间，只是相应的专业理论还没有形成，未来微课在高校体育教学中的应用将更加成熟、更具合理性和科学性。

第四节　手机运动App在高校体育教学融合之手机运动App

手机App是21世纪的新型产物，代表着时代的前进步伐。互联网的普及改变着高校的教学发展方向，随着互联网进入高校，越来越多的学生开始接触与应用互联网和手机App，互联网与手机App在高校教学中将扮演着越来越重要的角色。目前，在互联网这个大环境下，学校体育教学改革结合互联网和手机App是有必要的。通过互联网和手机App可以改进体育教师的教学效率，改善教学方法，提高学生对体育的学习兴趣和爱好，培养学生自主学习和锻炼的意识，从而改变大学公共体育课原有的教学模式与方法，更好地让学生在体育课中得到健康和快乐。

一、手机App与体育类App动态研究

（一）手机App的走义

App是Application program的英文缩写，现在多指智能手机、平板电脑等移动终端上的应用程序，也常常被称为移动客户端。手机应用市场正迅猛扩张，如Android App store和Apple App Store中的在线手机应用程序数量和下载量几乎每天都在增长，其中有面向个人消费者基本需求的产品，如满足购物、气象、旅行、导航

以及微博、微信等用户基本生活需求的产品；面向行业应用和企业需求的App，但这些App还处于起步阶段。目前，食品、医疗、保健、旅游、环保、教育等行业开发了一些产业App，教育类App主要有学堂型、题库型、词典型和工具型四大类。我国优秀教育类的App有网易公开课、沪江网校、作业帮、百度知道问作业、学生圈等。本书通过将手机App应用到体育教学中，研究与分析手机App在体育教学中的应用及对在校大学生公共体育课的影响与帮助。

（二）体育运动类App

体育运动类App是指拥有记录麵者运动健身时的数据、指导各类运动项目的学习和锻炼、引领健康生活方式等功能的智能手机或可穿戴设备第二方应用程序，又被称为手机体育移动客户端。这里需要强调的是，细相关文献发现体育运动类App瓶有一个明确统一的定义，本文借鉴的是相关学者提出较多的概念。本书所指的体育运动类App并不包括体育新闻、体育游戏、体育赛事视频、医疗健康等应用程序。体育运动类App比较流行的类型主要有跑步设计类，如Nike+Running、咕吟、乐动力、悦跑圈、春雨计步器、动动、虎扑跑步、Feel等；有健身类，如Keep、7分钟健身、Fit Time、火辣健身、Mer's Health私教等；有日常记录类，如薄荷、瘦瘦、卡卡健康、益动GPS、哒哒运动等；有分类教学类，如武吧、跳吧、趣游泳、跆拳道教学、懒人瑜伽、酷浪小羽、足球控、篮球热、台球会等；其他类型还包括约私教、约场馆等，如健康猫、趣运动、悦运动、爱动网、运动酷等。

随着科技的进步和移动互联网的不断发展，智能手机和平板电脑等电子产品引起了大学生的关注，已成为大学生的必备产品，他们下载安装了体育类App进行体育锻炼，打破了传统的锻炼方式，开启了大学生体育锻炼新模式。为了适应未来社会激烈的竞争和各方面的压力，大学生作为未来国家的违设者和接班人，必须拥有积极的心态和强健的体魄。大学生群体受教育程度高，追求个性，有自己独特的看法和观念，他们不仅是当前庞大的消费群体，也是未来具有发展潜力的消费群体。大学生作为体育类App的主要使用群体，热爱体育运动，有着高于一般同龄人的敏锐、视野和分析能力，将引领整个社会年轻人的潮流。他们通过使用体育类App进行体育锻炼，有助于培养他们终身参加体育锻炼的习惯。他们通过体育类App以图片、文字和视频的形式分享他们的锻炼经历和感受，为大学生的体育锻炼提供学习经验。大学生使用体育类App对全面推进和加快我国素质教育的发展、促进高校大学生的健康、提高大学生体质、培养大学生体育锻炼习惯都具有重要意义。

（三）高校体育课与手机App的联动

"联动"是指"多种元素共同作用于外界"，有"联合行动"之意，它常用于数控机床操作中。相对来讲，"联动"注重若干要素个体对外界的作用及影响。根据以上解释，笔者认为：联动就是两个或两个以上的因素共同作用以影响其他客体，是一种联合作用的方式。"体育课与手机运动App联动"是学校引入社会网络科技公司所研制的手机运动App，并针对学校自身情况制定实施方法监督指导学生运动情况，辅助公共体育课教学，促进学生主动参与体育活动锻炼，培养学生锻炼兴趣，增强大学生体质的一种新举措。其大致实施过程是学校对学生群体设置运动达标量，然后借助手机运动App对学生运动情况进行学期监测，监测范围包括课上和课下体育活动，监测到的数据纳入期末公共体育课考评。联动的实质就是公共体育课与运动App两大主体联合对大学生的体育活动的参与度及参与效果进行监测。

二、"互联网+体育"对大学生体育参与的影响

大学体育教学作为大学生不可避免的体育参与场景，对学生的影响巨大，可能会对其体育价值观产生一定影响。所以，学校和体育教师如何在体育教学中渗透互联网思维对大学生参与课外体育具有重大影响。原因是，互联网可以突破时空限制，可强化体育学习效果，实现教育模式的多元化。

刘捷在教学实践中尝试使用移动终端教育技术，建立微信公众教学平台和QQ学习群，结果表明基于互联网的移动终端教育技术提高了学生在课余时间参与体育的自觉性和积极性，还提高了学生的体育成绩，有利于促进大学生全面发展。"互联网+体育"教育的优势表现在以下方面，互联网可以实现（体育教学资源的共享，促进体育教育公平性，适应和满足不同学生的需求，打破时间和空间的制约，促进学生终身学习和终身体育。高校体育互联网教学的普及可以解决师资和场地不足等问题，具有专业技能技术的再学习效果好、时间和空间的利；效率高、资源共享促进优势互补和质量提高、满足学生兴趣选择、引导个性化发展的优势特点。将O2O的概念与高校体育教学融合，可以更新体育教师教学理念，创新体育教学方法，丰富体育课程资源，激发学生的学习兴趣，使教学课堂转化为翻转课堂，大学生学习方式转化为自主探究式学习，学习时空向课内课外一体化转变，学习资源转为教程的网络化，学习评价转为学习记录式过程评价。

还有一些学者对此提出了建议：基于互联网体育教学需要落实对学生体育学习和锻炼的服务，引导学生形成健康的体育学习和锻炼习惯，为学生的体育学习和科学的体育锻炼提供高效的、全面的知识服务平台。高校应该充分利用先进的互联网技术逐一解决各个问题，创新教学模式，引进新型的体育教学内容和方法，合理安排教学进度与节奏，同时高校要加强对学生体育学习的服务培养大学生良好的体育锻炼意识。

大学体育文化在一定程度上影响着大学生的体育参与行为，"互联网+"对大学体育校园文化的提升有着一定的影响。在"互联网+"的影响下，高校体育文化氛围增强，社会文化与校园文化相互渗透加深，高校体育文化更开放、更自由。同时，面临着体育基础设施不足，制度规范化不健全及管理失位等问题，"互联网+"在高校体育文化中占据着重要地位，可以使高校体育文化从"和而不同"到"校园大同"，使大学生从"被运动"到"自主运动"，使高校育课，从"常规化"到"多元化"，传承与发展高校优秀校园文化。

大学体育社团是大学生自愿组成的，以开展体育活动为主的自组织学生群体，在大学生中有一定的体育参与福射作用，其影响具有广泛性。"互联网+"日常管理、线

上交流、线下活动等环节中扮演着重要角色，可以促进校内体育社团以及各高校体育社团之间的互动与联络。高校体育社团要顺应发挥其独有的价值功能，利用移动互联网的特点，重构自身的价值功能，在移动互联网线上运动干预、增强学生体质、丰富校园文化生活、开展第二课堂体育活动、体育文化交流和社会教化等方面体现更大的价值，为高校体育的发展做出贡献。

"互联网+体育"让处于互联网潮流前端的大学生受益匪浅，互联网对大学生的体育参与态度、体育价值观、体育锻炼行为、体育参与习惯、体育观看行为、体育消费行为、体育知识等都产生了一定的影响。互联网可激发大学生的体育学习兴趣，挖掘他们的体育学习潜能，使他们更积极主动地参与体育活动，培养体育技能自主学习的能力，最终养成终身体育的习惯。互联网体育信息对改变大学生参与体育的态度和提高大学生运动技能有一定影响。体育类 App 的出现在一定程度上提升了大学生体质健康状况以及体育锻炼的积极性。"互联网+"拥于促进大学生的个性化发展，增强其学习体育知识的主动性、积极性，同时缓解体育学习的压力；有利于复杂技术动作的重复学习和规范化；有利于激发大学生对体育运动参与的需求。"互联网+体育用品购物"作为大学生购物的新形式，给大学生生活、体育锻炼带来了极大便利，有助于更好地满足大学生体育锻炼的需求，最终促使其形成良好的体育锻炼行为和习惯。

在大学生"互联网+体育"生活中，最常见的就是体育运动类 App 的使用，App 的便捷性和即时性对大学生参与体育锻炼有一定的促进作用。大学生应用体育类 App 参与体育锻炼的兴趣十分强烈，乐于在体育类 App 的激励机制、展示个性空间和社交渠道中获得成就感。科学合理地使用体育类 App 能够技法大学生的运动兴趣，提高体育锻炼的科学性，延长体育参与的坚持时间，提高体育锻炼的科学性，延长体育参与的坚持时间，提高锻炼的自觉性，减少限制和局限性，促进体育习惯的养成。其中，手机计步 App 的使用，可协助高校监督大学生运动情况，为高校制定合理有效的课外锻炼制度提供依据。例如，华中师范大学推出了学校专用体育 App——"华大 Sports"App，其采用了移动互联网开发技术，服务平台分为移动设备终端和服务器端两部分。目前，该应用仍存在不足，需要在后期开发与推广中加以完善。

互联网正在通过体育教学、体育社团和体育文化影响着大学生的体育参与度。关于互联网对高校体育教学影响的研究较为成熟，但体育教学中的主体仍是体育教师，大学生只是作为被动受益者，学生最终的成长情况取决于体育教师的个人能力和素养。大学体育社团的互联网化对社员的体育参与度有很大的促进作用，但是其范围相对较小，受众大学生较少，有一定的局限性。大学生体育文化需要互联网的传播，更需要大学生自己投身其中。互联网平台和体育类 App 最终可激发大学生的体育参与兴趣和爱好，增强大学生的体育参与态度，促进大学生的体育参与行为，使大学生养成体育参与习惯，向大学生普及体育知识，促进大学生体育消费。

三、运动 App 对大学生体育锻炼习惯养成的作用

运动 APP 就是运动与科技结合的产物，将科技产品应用到体育中，同时在 App 加

入各式各样的辅助功能，既有助于提高人们的兴趣，又有利于为App开发公司带来更多的下载量和使用率。同时，由于人们对于体质健康问题的关注，越来越多的人开始尝试使用App来制订体育锻炼计划并监督其执行情况，并且可获得和体育专业人士交流的机会。大学生学习能力和适应能力较强，能较快接受新事物。当代大学生体质堪忧，部分大学生已意识到体育锻炼对增强体质的重要作用，同时他们也在寻求各种方法督促自己进行体育锻炼。随着运动类科技产品的不断增多与逐渐完善，越来越多的大学生接受运动类App所提供的服务。一方面可以通过这种科技产品记录、监督和提醒他们参加体育锻炼，另一方面通过此类App的分享功能给大学生使用者带来自信与成就感，推动他们坚持参与运动。

大部分体育App都可以通过微博、微信、QQ等社交软件分享运动数据，或者通过App中内设的运动圈、跑友圈、运动论坛等分享。运动者自身在好友陪伴下参与运动成就感较高，这样的大学生接近一半，中等水平的占32%，表明使用者自身获得胜利时，大多数大学生都会产生中高程度的自我成就感。身体体型、体能、技能水平等向着好的方面改变；运动的距离、海拔、配速、轨迹、次数、重量等向更高的水平表现。包括群晒、排名、点赞圈组互动、分享、归属感等积极的社会互动。其次，分享、群晒各自的健身经历与数据，具有很强的力量。当人独自锻炼时，容易怀疑自己是否有能力改变自己，而当和其他人交往和分享运动锻炼经历和成果时，改变就更容易发生，这种改变会不断推动大学生参加体育锻炼，以便继续获得这种感觉。

在锻炼中产生的兴趣是人们参加体育锻炼较大的动能，在一定程度上能影响运动者的运动量、运动强度、运动时间、运动频率等。表层的锻炼兴趣是源于对某项锻炼方式的外在吸引力，而持久稳定的锻炼兴趣则是来源于内心深处的动力。根据运动需要理论，人们之所以参与运动，是因为运动能满足人们的某种需要，包括生理与心理需要。生理需要主要有通过运动量、运动强度给人们带来的心率剧烈变化、血液加速循环、排汗量增多的刺激。心理需要主要由运动带来的心理放松、减缓压力等方面。大学生通过体育App作为辅助工具进行体育锻炼，在很大程度可提高他们的锻炼兴趣。首先，大学生通过用户阅读体育App中的运动资讯和运动新闻、运动达人及明星的运动分享，在一定程度上可以获得潜在的锻炼兴趣。其次，体育App中有运动计划、目标设置、记录和运动分享功能，大学生使用者通过设置运动目标、记录运动数据，完成目标后由运动圈分享可获得自我成就感和自豪感，再加之运动后给机体带来放松和自然的感觉，可满足大学生部分运动需要。

四、"互联网+体育"背景下手机App使用策略

体育教学过程包括课前、课中和课后三个阶段。将三类手机App很好地应用到教学全过程，将极大提高学生学习体育的兴趣，提升课程教学质量。

（一）学习平台真手机App的使用

这类App以资源库为基础，要求教师提前上传课程相关视频、文档、图片等内容

后方可开展教学。以学习通 App 为例，体育教师在使用此手机 App 时，需登录此 App 创建一个教学项目的课程，此课程可以是一个教学单元，也可以是整体课程单元。课程创建后，教师则需要将自己所制作的教学 PPT、章节内容、学习资料以及作业等相关内容传至课程中，以邀请码的形式发送给学生。学生登录 App 后通过邀请码就可以进入课程进行学习。就体育课而言，首先体育教师可以通过此 App 开展翻转课堂模式的教学，课前根据具体的体育理论课程，利用学习通平台资源以及自制资源，以及体育专业学生乐于实践的特点，在课前与学生一起录制体育实践视频，学生对自己录制的视频兴趣浓厚。其次，在课程章节中发布学习内容，并布置学习任务。学生以任务为驱动，通过移动终端上网，观看教师所发布的视频并进行小组讨论，形成新的学习问题。学生也可拍制视频或将录制小组的讨论过程上传到班级。最后，教师通过学习通过统计页面查看学生完成情况，进行问题汇总，调整授课内容并修改课堂教学设计。课中，教师：要通过多种教学方法激发学生课堂学习的积极性与创造性。加之，体育专业学生理论课学习两极分化情况较为普遍。因此，教师需要注意学生的不同层次，并根据需要进行个性化的辅导。针对学有余力的学生则可进行专题拓展与资料推荐，让学生在感兴趣的问题中继续深化学习。针对学有困难的学生，则尚要与学生一起寻找学习效果不佳的原因，并制定针对性的对策，对学生所学知识进行巩固复习。课后，教师需要针对学生在课堂内学习的共性问题进行总结，将重、难点内容上传至学习通的平台，为学生后续巩固学习提供资料。学生利用教师提供的内容，对自己的上课效果进行自我评估，查漏补缺，拓展课堂所学知识。在课后巩固环节，最为重要的是师生要对课前、课中的学习各自进行反思，相互交流，促进教学效果的提升。此外，教师还需要对学生课前、课内的学习情况进行多元的形成性评价与终结性评价，对学生线上学习与线下学习进行综合评价。线上学习包括学生对教学视频的观看、作业测试、参与讨论情况等，线下学习则主要是课堂内的表现，即课堂内的学习情况。教师的评价对学生来讲，可以形成一种外在的动力，促进学生对学习情况进行反思与自我提升。而教师同样需要学生的多元评价。例如，教学视频的选用能否激发学生的学习兴趣、能否抓住课程重点内容、教学手段是否丰富、教学方法是否得当。双方形成一种合理的评价机制，可促进教学效采的提升。

（二）运动监测类手机 App 的使用

运动监测类 App 是以记录个人日常运动数据为主的，针对徒步或跑步项目的 App 居多。教师可以将此类 App 作为另一种教学辅助手段，或用其对学生在校期间的体质进行监测。以运动世界校园版为例，该 App 是一款综合运动平台，且符合时代需要和课程教学改革需要，其结合学校体质测试工作，被广泛运用于各大高校。学生进入 App 后选择相关任课教师进入该班级，随后点击"开始跑步"，选择每次跑步的公里数后，系统将随机分配跑步路线并生成若干个感应位点。学生则须沿跑步路线及点位跑步，跑完所选择公里数才可上传成绩。

每天早上、中午、夜间总有很多学生成群结伴地在校园道路上跑步，尤以夜间跑步居多，形成了一阵跑步热潮。此外，教师则可以通过 App 查看学生的运动情况及身体素质情况，还可将学生这种碎片式长跑锻炼形式进行量化考核，作为考试的一种方式。此类 App 所反映出的监测数据还可作为身体负荷量评价指标运用于体育课课中的热身环节和课后的放松环节。

第五节 "三通两平台"在高校体育教学中的应用

网络信息的发展使人们的生活变得越来越便利，让地球变得越来越小，也让人们的联系越来越紧密。教育作为立国之本、民族兴旺的标志，更要融入网络时代。教育信息化就是教育与网络有机结合的产物，信息技术能够促进教育事业的快速变革，从思想理念上可以影响以及改变教育体制，"三通两平台"活动的开展可以有效地在学校、教师和学生中进行多层面的信息化，为教育信息化的实施开通一条道路。大学是体育能力的培养阶段、身体素质的快速增长阶段，因此加强体育信息化改革，促进信息技术手段在中学体育教学中的应用就显得尤为重要。体育教育信息化能够有效地汇集体育教学资源，解决因资源不均衡而产生的教育差异，增强地区间教师的交流与沟通，丰富教学内容与教学手段，从而提高人才培养的质量和促进体育课程的改革。

一、什么是"三通两平台"

"三通两平台"的本质就是为提高人才培养质量，增加人才培养效率，倡导将先进的信息技术与教育教学深度融合，加快推进教育信息化，促进教学模式的变革，因此"十二五"规划将"三通两平台"作为重点建设项目。"三通两平台"作为发展教育信息化的重要发展策略，对其建设及应用具有不可取代的作用与价值。

2012 年 5 月 28 日，在教育信息化试点工作座谈会上，时任中华人民共和国教育部副部长杜占元指出教育信息化的核心理念是信息技术与教育教学实践的深度融合，贯彻应用驱动的关键思路，将推进三大任务和两个平台作为工作重点。其中，解决各类学校的网络连接，建立学校基本的网络教学环境；优化教学资源，使各班级能够享用教学资源以及实名建设网络学习空间；个人自主学习与教学交互辉映成为教育信息化建设的三大任务。两个平台指教育管理公共服务平台和教育资源公共服务平台。总的来说，宽带网络校校通、优质资源班班通和网络学习空间人人通，教育管理公共服务平台、教育资源公共服务平台，就是我们所说的"三通两平台"。

2012 年 9 月，刘延东在全国教育信息化工作电视电话会议上，详细分析了我国教育信息化所处的地位以及发展状况，明确指出教育信息化建设的重要性、所起的作用以及今后建设发展的方向和道路。她还提出要以"三通两平台"为抓手全面推进教育信息化建设，即要明确教育信息化的发展导向，使建设所产生的教育价值切实落到教师与学生身上；教学资源要精准，重视其建设的差异性；加快学校硬件基础设施建设，推动"宽带网络校校通"；重视软件质量，加快内容建设与共享。推动"优质资源班班通",逐步深入推广教学方式与学习方式的变革,推动"网络学习空间人人通",建设教育资源和教育管理两大"公共服务平台",为其提供坚实支撑。正是因为这一系列系统的建议,"三通两平台"才被正式确立。

"三通两平台"是我国体信息化建设"十二五"的核心目标与标志工程,"三通"是指宽带网络校校通、优质资源班班通、网络学习空间人人通。"校校通''"通的是宽带网络,是雄础设施层;"班班通"通的是优质教育资源,是常规教学应用层;"人人通"通的是实名制的网络教与学环境,是个性化学习服务层。从校、班、人这三个层面的依次深入,更是代表了信息化发展的历程。从基础设施建设到资源教育教学应用再到基于数字学习环境的教学与学习,展现了其全面融合的发展与建设目标。"两平台"指的是教育管理服务平台,教育资源公共服务平台。"三通两平台"具有三个层面的结构体系,最底层是基础设施层,为省级数据中心的建设;中间层是运行于省级数据中心的教育资源和管理服务两大平台;最顶层是应用层。每一层的目标各不相同,底层目标是为教育资源公共服务平台和教育管理公共服务平台提供基础的运行环境。中间层是"三通"工程中的信息系统层,通过平台中的信息系统,为各级教育行政部门、各级各类学校和教师、学生、家长提供教育资源、教学沟通、教育管理等服务。最顶层是各级教育行政部门,各学校和教师、学生、家长通过对平台所提供的服务深化应用,实现校校通、班班通、人人通,也就是实现信息技术与教育教学深度融合。

"三通两平台"是时代进步而产生的教育产物,众多学者对其进行了深人研究,它能够有效地推进教育信息化的发展进程,可以使教育信息化惠及各个地区、各个学校、各个班级以及各位学生,也是教育信息化发展的重要依托。

二、体育教育信息化

信息技术时代,教育行业正向着教育信息化的方向靠拢,体育教育也朝着体育教育信息化的目标大步前进。但是,受体育学科自身特点的限制,在体育学科中使用信息技术,教学目标、教学内容等需要满足一定要求,且实施起来具有一定难度。教育信息化的特点可以让体育知识的传授变得多样化、简易化。学生可以在教师的引导下多渠道、快速地获取各种体育知识。因此,教师可以将更多工作放在学生体育技能的锻炼和发展上,并且可以运用先进的科学技术,科学地制订合理的运动方案,通过各种仪器和设备采集、记录运动的各项指标,再有针对性地提出最合理的运动策略,使体育教学变得智能化、科学化,让体育教学以及训练手段与方法向信息化靠拢。推进体育教育信息化,要重视应用性教学,将信息技术融人体育教学中,体育教师是信息技术的使用者和信息化的推动者。应提高体育教师的信息素养,强化信息意识,以教育为切入点,把学校信息技术环境建设作为提升平台,把跟踪评价平台和激励机制作为提升动力,构建一个相辅相成的培训制度和教育培训体系。充分发挥教师在体育教育信息化中的作用,增强体育教育工作的信息意识,支持教职工加强计算机应用技术的学习以及正确引导学生合理使用网络体育信息资源进行学习。

体育教学由于其特殊性，不仅要传授体育健康知识，还要教给学生基本的运动技能，并且体育教学多以技术类教学为主要内容，单一性的技术动作可由体育教师直接演示，直观地展现在学生面前。但是，对于多方向、多空间的复合性技术动作，教师无法详细、直观地展现给学生，信息技术可以有效解决这类技术教学的困难，可以从多方位分析技术动作，通过慢动作进行技术动作教学，进而提高技术动作教学的准确性，提升技术动作的学习效率。在体育知识健康课程的教学中，运用信息技术可以摆脱传授教学的弊端，如书本知识传授的静态性、口述性等。运用多媒体设备可观看不同的健康知识教学视频，使学生更加直观地学习体育知识，活跃课堂氛围，增强学习兴趣，提升教学效率。此外，体育课堂还有一项重要的内容就是要把控课堂强度，控制运动负荷以防突发事件的发生，信息技术可有效地监测学生的心率、脉搏，并及时反馈给教师。使体育教师有效调整课堂内容，合理安排运动量，控制运动强度，让课堂变得更加科学，练习更加有效。

三、高校体育信息化建设情况

（一）"宽带网络校校通"建设情况

"宽带网络校校通"是以学校为主体建设宽带网络，使学校可以在网络条件下进行教育学习的教学环境，是"三通两平台"建设的基础部分，是实现"优质资源班班通""网络学习空间人人通"的重要保障，只有网络通畅才能使教学资源顺利到达各个学校各个班级，让教师和学生获得不同地区的教学资源，实现资源共享。

如果将教育信息化实施与应用比喻成一条运输链，那么国家各项政策就像是一条条宽阔的道路，教师就像是运送货物的司机，学生就像接收货物的各个站点，各类的资源就好像车上的货物，多媒体、网络就像是运送货物的卡车。多媒体、网络就像是一个个载体，正是这些载体将各类资源信息传送到各个地区，将其紧密地联系成为一个整体。因此，对学校硬件设施的研究显得尤为重要。

1. 多媒体建设情况

通过深入各大高校调查研究发现，有近57.69%的高校全部教室配备了多媒体设备，近42.31%的学校部分教室配备了多媒体设备。由此可以看出，所调查高校基本都配备了多媒体设备，这样就为信息化教学提供了条件，可使教师进行信息化教学。但是，进一步观察发现，学校并不是所有教室都配备了多媒体设备，部分教室没有配备多媒体设备，这就造成了资源分配的不公平，也增加了教师在实施多媒体教学中的阻碍，从而影响了教育信息化的进程。

2. 宽带网络建设情况

网络是教育信息资源传播的主要途径，通过调查发现全国中大型城市内的高校均已完成宽带网络建设，达到了互联网接入率85%的要求，随着信息技术的发展，无限网络可以变得更加快捷有效。通过更深一步的调查分析发现，17.31%的高校仅在办公区覆盖了无线网络，约8.3%的高校只在教学区域覆盖了无线网络。部分学校没有全校覆盖无线网络主要是考虑到学生的在校学习质量，但时体育课大部分时间都是在操场上进行的，全覆盖有利于教师进行技能教学时利用平板电脑进行信息化教学，方便教师随时播放技术动作视频，从而提高技术动作的正确性，丰富教学手段，活跃课堂氛围。

3.网校建设情况

网校是教育信息化建设的重要组成部分，更是"三通"中宽带网络校校通的重要表现形式。网校是以网络传播为媒介，实现校外教育与学习的教育平台，通过互联网帮助学生在校外学习，教师在校外教育与办公。只要具备上网的条件，就可以通过互联网不分时间、不分地点地进行教育办公与自主学习。网校打破了传统教育与学习在固定地点、固定时间段进行的常规手段，打破了教育的时空限制，使教育更加方便快捷，师生沟通更加及时有效。这也是综合性的教育模式与体制。

建设网校不仅可以有效增进师生间的沟通与交流，提升学习效率，还可以加强教师之间的交流，活跃学术氛围，提高教育资源的流通效率，优化教学内容，提高教学质量，并且方便教师教务管理，使信息传输更加快捷，提高工作效率。

网校更是一个学校的明信片，可以用来宣传学校特色，传播学校文化。通过网校建设可将学校教学特色、"明星"教师、管理理念等一系列学校特有的东西展现出来，提高学校知名度，增强教师对学校的责任感和使命感。

通过中国现代教育网免费校园网校建设网站调查发现，单从数量上看，目前我国高校网校建设情况很好，网校普及程度很高，但研究发现，网络建设质量不高、千篇一律，内容建设严重不足，无法满足教师、学生在校外学习的需求，部分网校的学习园地、教学资源等板块均为空白，其网校建设仅仅是罗列了几位教师的简介及政策文件，并无教育学习方面的实质性内容。

（二）"优质资源班班通"建设情况

"优质资源班班通"是以"宽带网络校校通"建设为基础而进行的建设，其目的是使课堂教学能够使用优质数字教育资源，提高教学质量，促进教育均衡发展。所以，大量优质的教学资源是"优质资源班班通"的基础和保障。

"一师一优课，一课一名师"的活动是中国教育信息化实践中不断创新的产物，能有效地促进教育信息化建设及发展。其目的在于以应用为导向、以资源为纽带、以教师课堂应用为中心，促进优质教育资源普及共享。它也是教育信息化工作整体推进的重要抓手。实际过程中的应用是教育信息化的关键环节，其应用的主体主要是教师与学生。其中，教师是领路人，只有教师勇敢地走出第一步并且走好了第一步，才有可能带动学生。而且，该活动是用互联网思维构建资源体系的新模式，使每位教师不仅是浏览者，还变成了创造者，让每位教师通过网络将自己的个性与智慧充分展示出来，惠利于每一位教师。该活动是促进课程改革的有效途径，能有效地促进教师不断探索新的教学手段，并且可以汇集众多教师的智慧，能提供丰富的教学内容和教学手段。

第六节 "互联网+"体育赛事

一、"互联网+"体育赛事营销

(一) 基本概念

体育营销是通过创造和交换体育产品及其价值，从而使个人或群体满足体育锻炼与观赏的欲望和需要的社会和管理过程。赛事营销包括两层含义：1. 人们认为体育赛事营销是赛事组织者开展的对体育赛事本身的多方位营销活动。包括：向运动员介绍赛事；吸引运动员参加；吸引媒体报道赛事；吸引公众前来观看赛事或关注有关赛事的媒体报道；吸引赞助商；与政府官员进行沟通，取得政府支持；寻求能为赛事提供优质、高效的专业化服务的协作企业。2. 赛事营销的另一层含义是企业借助赛事媒体实现其营销目标，主要是企业借助赞助、冠名等手段，通过所赞助的体育活动来推广自己的品牌。

根据以上概念，我们把"互联网+"体育赛事营销定义为：体育赛事本身以国际互联网络为基础，利用数字化的信息和网络媒体的交互性来辅助体育服务商品营销目标实现的一种新型的市场营销方式。

(二) "互联网+"体育赛事营销的优势

网络营销作为一种全新的营销方式，与传统营销方式相比具有明显的优势。当然，万物各有所长，也各有所短。作为新兴营销方式，网络营销具有强大的生命力，但也存在着某些不足。例如：网络营销尤其是网络分销无法满足消费者个人社交的心理需要，无法使消费者以购物过程来显示自身社会地位、成就或支付能力等。尽管如此，网络营销作为21世纪的营销新方式势不可挡，将成为全球企业竞争的锐利武器。

1. 网络媒介具有传播范围广、速度快、无时间地域限制、无时间版面约束、内容详尽、多媒体传送、形象生动、双向交流、反馈迅速等特点，有利于提高赛事营销信息传播的效率，增强赛事营销信息传播的效果，降低赛事营销信息传播的成本。

2. 网络营销无店面租金成本，且实现产品直销，能帮助企业减轻库存压力，降低经营成本。

3. 国际互联网覆盖全球市场，通过它，企业可方便快捷地进入任何一国市场。尤其是世贸组织第二次部长网站推广会议决定在下次部长会议之前不对网络贸易征收关税后，网络营销更为企业架起了一座通向国际市场的绿色通道。

4. 在网上，任何体育赛事都不受自身规模的绝对限制，都能平等地获取世界各地的信息及平等地展示自己，这为体育赛事营销创造一个极好的发展空间。利用互联网，体育赛事营销只需花极小的成本，就可以迅速建立起自己的全球信息网和贸易网。

5. 网络营销能使消费者拥有比传统营销更大的选择自由。消费者可以根据自己的特点和需求在全球范围内不受地域、时间限制，快速寻找满足品，并进行充分比较，有利于节省消费者的交易时间与交易成本。此外，互联网还可以帮助主办者实现与消费者的一对一沟通，便于主办者针对消费者的个别需要，提供一对一的个性化服务。

（三）体育赛事网络营销的弊端

弊端因素的分析也是十分必要的，发现弊端并及时采取相应措施甚至比发现优势更重要。面对网络环境带来的机构和人员的调整，如果不能进行有效的组织和协调，就可能给赛事的网络推广带来障碍。在制订赛事网络营销规划之前，有效分析组织内部存在的不足，定期召开会议，听取赛事营销专家和网络推广部门各级管理的意见，通过招聘、培训、调整任命等措施调整营销人员结构，最终实现资源优化，转弱势为优势的目的。

1. 认识上的不足。许多赛事经纪公司和组织者不能够认识到网络对于赛事推广的重要性，在赛事推广过程中没有充分开发网络市场，也没有对网络版权进行有效保护，造成了赛事资源的浪费。及时洞察市场变化动态，充分利用最新的技术手段已经成为赛事运营者的新挑战。

2. 启动资金短缺。赛事网络营销是基于"互联网+"网络平台建立的一种新的营销方式与渠道，除传统营销投入之外，还需要额外的资金投入运作。那么这就需要依靠新的赞助商和广告商来筹集资金。

3. 一劳永逸的信息采集方式。现在信息采集是一种比较流行的"网络营销方法"。不少网站通过编写程序或使用采集软件，从其他网站中大量抓取所需要的网页信息，用来丰富自己的网站内容。通过这种方法，网站的内容快速丰富起来，搜索引擎收录页数也能快速增加，从而能够快速吸引访问者，把流量做起来，真可谓是一劳永逸的网络营销好方法。然而事实证明，没有哪个成功的网站是来自于信息采集的，成功的网络营销并没有这么简单。

4. 人才短缺。赛事组织者习惯于传统的营销模式，组织内部有大量传统的赛事营销人才，但在网络这个新的营销平台和手段面前，大部分体育营销公司还是显现出了其网络营销人才缺乏的劣势，这就给赛事组织者引进大量的复合型人才提出了新挑战。

5. 网络营销轻分重统。开展网络营销的企业绝大多数都比较关注网络营销效果，但是在对网络营销效果的评估中，大多数企业重统计、轻分析，在衡量网络营销效果上面，有很大的误区。没有分析结果，统计的数据也只能做摆设。

网站访问量、网站世界排名情况是普遍关心的内容，用户的回头率、用户的来源分析、关键词分析这些更深入的网络营销效果分析却没有被重视。一个全面的网络营销效果评估，应该包含了网站的访问情况，用户的黏滞度、来源情况分析，搜索引擎关键词的效果分析，各类推广产品的应用效果分析等方面，根据这些分析，可以得出下一步网络营销工作的改进建议和计划。网络营销重统计、轻分析是无助于改善网络营销现状的。

充分认识赛事网络营销的优势和弱势，才能更好地应对来自外部的不确定性因素。而这些不确定的因素也就是那些需要我们去发现并充分利用的机遇因素和规避、化解的威胁因素。机遇和威胁都属于赛事营销组织外部的不可控因素，我们只有认真分析和解决，才能保证赛事网络营销取得良好的效果并获得收益。

二、"互联网+"体育赛事转播

体育赛事转播权作为体育领域的一项重要权利，一直备受各个国家体育转播商的重视。我国体育产业在近年来迎来了一个新的发展阶段，体育赛事的举办如雨后春笋般蓬勃发展。腾讯体育、乐视体育、万达体育等对于知名国际赛事新媒体版权的收购，也改变了我国过去以央视一家独大的体育赛事转播局面。年轻一代的观赛习惯表明传统的电视直播越来越过时，而互联网的蓬勃发展，通过手机APP、移动客户端、交互式网络电视（IPTV）等收看体育比赛的观众成为收视的主要力量，逐渐发生变化的体育赛事转播市场，给体育赛事转播权的保护提出了新的挑战。

（一）我国体育赛事转播在"互联网+"时代的发展

随着互联网的发展，网络传播的收看随时性、传播过程的互动性、传播形式的多样化和个性化，使新媒体和体育赛事转播紧密结合。2006年，德国世界杯首次正式引入网络直播模式，在这届世界杯上，国际足联第一次出售网络数字转播版权，成为体育赛事版权新的里程碑。2010年世界杯，中国网络电视台（CNTV）成为中国大陆世界杯独家新媒体转播机构，CNTV向搜狐、新浪、腾讯、土豆、优酷、酷六网分销了2010南非世界杯转播权。2014年世界杯，央视没有再分销转播权，只是象征性地分销了集锦点播权，将版权牢牢把握在自己手上。

2004年雅典奥运会，中央电视奥体和中国国际电视总公司在其网站设立"雅典奥运视频专题"进行奥运会的视频点播。2008年，国际奥委会授权了中国大陆地区唯一的北京奥运会转播机构——CNTV。2009年中央电视台与国际奥委会签署协议，确定了2010温哥华冬奥会和2012伦敦奥运会中国地区的赛事版权归央视所有。伦敦奥运会比赛中，CNTV第一次在全平台直播奥运赛事，手机电视、移动客户端、IP电视全面覆盖。2016年里约奥运会，中央电视台在近距离奥运会开幕还有16天的时间，进行奥运会新媒体版权的分销。中央电视台自然是最大的赢家，凭借独家资源和高超的操作手段，他们不仅售卖出了一切可售卖的项目，最后时刻还凭借新媒体视频转播权狠赚了一笔。

（二）"互联网+"生态下我国体育赛事转播权的保护

互联网的蓬勃发展，给我们的生活和娱乐带来的便捷清晰可见。但是互联网传播的速度性以及覆盖的广泛性，给体育赛事转播权的保护也带来了层层阻碍和困境。现阶段互联网体育赛事转播权的保护分为两方面，一是预警机制的建立；二是侵权行为的打击。

1. 互联网体育赛事转播预警机制的构建

2008年，北京奥运会举办前，国家版权局、工业和信息化部、国家新闻出版广电总局联合下发了《关于严禁通过互联网非法转播奥运赛事及相关活动的通知》。该通知中强调："第29届奥林匹克运动会赛事及相关活动在中国大陆和澳门地区的新媒体（互联网和移动平台）转播权已由国际奥委会独家授予中国中央电视台。未经中央电视台授权许可，其他任何互联网和移动平台等新媒体均不得擅自转播。对未经许可转播奥运赛事及相关活动的互联网和移动平台，将依法严厉查处。"

该通知的下发为北京奥运会赛事转播权的保护起到了预警作用。在中央电视台CNTV的牵头下，国内53家电视台、互联网视频网站建立起了合作体系，共同享有视频节目资源，通过签订协议实现共赢。在一定程度上遏制了侵权行为的发生，也保障了转播商的既得利益。国家版权局、公安部及工业和信息化部相关人员建立了"打击网络侵权盗版专项行动办公室"，联合治理网络侵权行为。2016年里约奥运会，中央电视台旗下网站CNTV经过国际奥委会授权，独家享有新媒体转播权利。央视在奥运会开赛前发布了《关于独家享有2016年里约奥运会新媒体版权的声明》，明确了自身享有的权利，并提出会对任何非法转播行为追究责任。

2015年中国互联网大会上，乐视体育、腾讯、新浪三家互联网公司共同倡导发起成立了"互联网体育知识产权保护联盟"，该联盟致力于积极推进互联网体育赛事正版化的进程，合力打击各种侵权盗版行为，联盟成员将严格自律，遵守"先许可后使用"的原则，尊重彼此的知识产权，如发生纠纷能够相互配合及时处理侵权内容，快速解决纠纷。

2.互联网侵权案件的有效处理

近年来互联网侵权案件的频发，也给我们体育赛事转播权的保护带来了新的障碍。互联网的传播速度是非常快的，如果侵权行为发生后，不能立即做出相应的保护措施，其影响也是巨大的。对于互联网侵权行为及时提出上诉，寻求一定的赔偿，弥补转播损失，在一定程度上保护了转播商获得的体育赛事转播权。我国现有的侵权案件的处理也是形态各异的。

2012年中超公司和新浪互联公司签署协议，规定新浪互联公司在门户网站领域享有独家播放中超联赛视频的权利，权利内容包括比赛的直播、录播、点播和延时播出，并约定中超公司不再以任何形式与其他网站合作。对于违规侵权的行为，中超公司授权书明确新浪拥有禁止违规播出和获得赔偿的权利。但是在2013中超比赛进行期间，凤凰网通过盗用链接，与他人合作的方式，在自己旗下网站非法对鲁能VS富力、申鑫VS舜天的两场比赛进行了直播。基于此侵权行为，新浪以侵犯其享有以类似摄制电影方式创作的涉案体育赛事节目的作品著作权和该行为破坏了商业秩序，违反了商业道德进而构成不正当竞争为由，将凤凰网告上了法庭。北京市朝阳区人民法院审理判决："一、被告北京天盈九州网络技术有限公司停止播放中超联赛二〇一二年三月一日至二〇一四年三月一日期间的比赛。二、被告北京天盈九州网络技术有限公司于本判决生效之日起三十日内履行在其凤凰网首页连续七日刊载声明的义务，以消除给原告北京新浪互联信息服务有限公司造成的不良影响。三、被告北京天盈九州网络技术有限公司赔偿原告北京新浪互联信息服务有限公司经济损失五十万元，于本判决生效之日起十日给付。"这是我国首例在关于赛事转播权案件中承认体育赛事节目属于著作权，并判定本案凤凰网行为侵犯了新浪著作权的案件，引起了各方的广泛关注和讨论，也为体育赛事转播权的保护开启了新的篇章。

2014年巴西世界杯期间，中央电视台获得了国际足联的授权，享有巴西世界杯在中国大陆地区的转播权，其中独家媒体权包括通过互联网传输方式直播、延播、重播所有比赛；通过移动端、宽带互联网等对于精彩节目进行点播3但是在6月13日到7月14日期间，华夏城市网络电视股份有限公司在未经授权的情况下，通过其经营的城市联合网络电视台（http：//www.cutv.com）向网络用户提供了巴西世界杯比赛的在线直播。央视国际网络有限公司将华夏城市网络有限公司告上了法庭，要求停止侵权和不正当竞争行为，并赔偿央视的经济损失以及调查起诉费用共计400万元。深圳市福田区法院审理认为："原告与被告之间存在竞争关系，被告未经授权，擅自向网络用户提供涉案两场赛事节目实时转播服务，增加被告网络流量同时，减少了原告通过网络直播获取经济收益的机会，该行为违背了公认的商业道德和诚实信用原则，构成不正当竞争。原告指控被告涉案行为构成不正当竞争，理由成立，本院予以支持。被告华夏城视网络电视股份有限公司于本判决生效之日起十日内赔偿原告央视国际网络有限公司经济损失及合理支出120000元。"

三、"互联网+"体育赛事表演的传播

除了电视和网络事件在传统传播渠道中的传播，原有的策划、快速反应、整合资源等优势，新的"直播覆盖"理念：跨屏、多平台联动，促进着竞赛表演的传播。例如里约奥运会，腾讯使用微博为用户供给在线、跨屏互动的观赛体验，并充分发挥自己门户网站、各类客户端和各种直播平台，以及手机、微信订阅号等进行同时推送使许多人获取体育赛事讯息和资讯，几乎覆盖了所有可能得到的信息传播路径。无论是电视、社交平台，还是跨屏直播、多平台联动，在体育竞赛传播的过程中实现了双赢。而且在收视率的提升与流量的增加等方面也为媒体实现了突破。由此可以看出，这类多平台联动（移动端和PC端）极大地提升了媒体的传播力。

随着互联网的飞速发展，国家互联网行动的不断推进，将会以更大的资金和人员投入到媒体传输，以期取得"互联网+"的融合成果。另外，互联网技术的完善和广泛地应用于传播，必将使其作为媒体传播平台主流媒体。长期以来，体育竞赛的观众最为直接和容易得到体育竞赛的形式就是电视转播。随着互联网的出现，体育观众在观看和获取体育竞赛相关资讯和视频上有了极大的改变。改变了只能通过卫视转播观看体育竞赛表演状况，特别是突破了体育观众在时间、空间的限制。

此外，伴随着移动互联的快速发展、手机客户端的问世，用户对于体育竞赛相关传播信息的需求得到了全方位的满足与供给，这得益于"互联网+"体育竞赛表演的深度融合和众多体育企业（如乐视、腾讯等）在建立体育竞赛网站与客户端等方面的探索。互联网以其掌握的大量信息、对相关信息的针对性系统分析和使用信息技术等

对体育竞赛表演内外所呈现在直接中的强大优势，拓展了体育观众获取体育赛事信息的传播渠道，占据了体育竞赛表演的信息传播，并展现各种新商机。

第七节 "互联网+"体育测试

学生的体质健康问题，一直是国家关注的热点问题，国家为了落实健康第一的思想和促进学生积极参加体育锻炼，提出了《国家学生体质健康标准》，它是评判学生的综合素质、学校工作和权衡各个地方教育发展的重要参考，2015年国家颁布了关于加快体育产业的《第46号文件》中提出要提倡健康生活，树立健康的生活方式，延长健康寿命，激发体育热情，推动养成投资健康的观念。

对大学生进行健康管理，宏观上来说，是国家坚持可持续发展的本质所在；微观上来说，是每个人健康生活的选择。由于改革开放的发展深入，我国的经济实力得到提升，然而医疗资源却有点贫乏，由于健康问题消费的资源到了令人深思和讨论的地步，健康问题逐渐地变成影响我国经济发展与社会和谐的包袱，所以医疗卫生问题是每届两会的热点。大学生是社会的重要组成部分，也是国家发展的动力，他们的健康不仅影响着自身的学习、工作、科研，还影响着整个社会的健康发展。对其健康进行科学管理，不仅能提高他们的健康意识改善他们的健康状况，还可减轻社会、高校与家庭的医疗卫生负担，节省了大量的医疗卫生资源。

通过运用大学生健康管理模式，避免了传统健康管理模式中的缺陷问题，如被动管理、学生健康意识淡薄、行为方式不合理等。将健康教育、体育活动、家庭及社会健康影响等因素有效地结合到一起，构建出了全面化的大学生健康管理新局面。配合健康管理系统的应用，可以更加方便地管理大学生的健康信息如健康信息的电子化、健康评估自动化、健康教育互动化，为统计分析健康信息、收集整理评估结果、实施健康管理提供了有力工具。这样不仅使大学生健康意识、健康状况和参与积极性都有所提升，起到预防疾病的目的，还使健康管理机构的工作效率得以提升。

一、体质健康平台的功能模块

体育健康平台的功能模块包括五方面的内容：统计模块、导入导出模块、管理员模块、登陆模块、学生模块。这五个功能中最难的就是导入导出模块和管理员模块，难点在于对数据的导入与导出、管理员模块难点是对平台的整体管理和维护。数据的导入与导出功能是参考国家学生体质健康上报系统制定的，并在它的基础上进行了很大的改善，其中包括对体质健康数据上报格式的改善，使上报的格式更加多样化、简单化；可以分批地上报数据，不用把所有的数据整理在一个表格上；对没有身份证的学生，系统可以自动生成一个临时身份证信息，让数据可以正常地上报；在查看数据与导出数据方面也更加地方便、快捷等等。管理员模块的难点在于需要一定的技术人员和政策资金的支持，对体质健康平台的开发需要懂计算机方面的专业人员去设计和研发，需要他们的时间、精力和反复地试验这些开发的功能；同时也需要资金的支持。

二、体质健康管理平台的数据模块

体质健康管理平台数据模块，也叫对顶层数据的管理，包括管理员、学生、数据库三个方面的内容。它的难点在于管理员对这些繁杂数据的整理与反馈，首先是对原始数据的管理，原始数据就是用那些专门的测试工具测试出来的数据上传到电脑上的，这些数据还需要用一个专门的操作软件来转换成学生能够看得懂的数据格式；其次是对转换后的数据进行分类整理，按不同的年级、院系、专业进行分类；最后是对学生数据的修改，有的学生的体质测试成绩是补考了之后才通过的，就需要管理员手动对学生不达标的成绩进行修改，还要对没有身份证的港澳台的学生进行体质测试成绩的录入。

三、体质健康管理系统功能分析

体质健康测试系统的注册是在学生刚入学的时候，学校可能已经帮学生在系统里注册了信息，只需要学生自己再登录一下确认自己的信息，一般情况下用户名是学生的学号，初始密码是统一的，在初次登陆时学生可以自己修改密码。在初次登陆时也可能会出现没有用户名的情况，就需要学生自己在网页上进行注册。

学生的体质测评在体质健康测试系统中是一个重要的环节，它的测试必须尽量地保证公正，数据必须尽量地保证精确，才能使后续的环节顺利地进行。体质测试分为室内和室外两类，其中室内的项目主要是身高、体重、肺活量、坐位体前屈、立定跳远、引体向上、仰卧起坐；室外的项目有女生800米、男生1000米、50米这些测试项目都是有专门的仪器来测试的，刷校园卡进行，数据会直接反馈到学校的电脑系统里面，只要有专门的人对数据进行整理一下就可以了，在测试的时候要对那些现场的管理人员进行提前的培训，包括对仪器的操作和现场的秩序及安排。学生的体质测试结果会被专门的老师进行管理，他们会分院系和专业地整理出这些数据，并对数据结果进行分析，找出学生好的项目和弱势的项目，分析造成这种现象的原因及设计改善的方案。

健康指导计划书是对人的健康管理整体上的把握，它具有很强指导性和方向性，包括很多方面的内容：第一个方面就是先了解学生的体质健康的背景的内容，包括近几年学生体质健康的测试数据、体育课的成绩、疾病的就诊情况等等，这是我们必须要了解到的内容，也是前提；第二个方面是人群的确定，要分年级、分年龄、分性别看待，因为他们会有各自的特点，需要我们区别去看待，只有把人群的范围确定好才能使我们的健康指导计划书更加科学化和人性化，更好地服务于学校。第三个方面是目标的确定，在了解过学生的体质健康背景和人群之后，就制定出相应的体质健康的目标，这是一个大方向的指导，是适应于学校大部分的学生，是针对学生出现的普遍问题来制定的这个目标，它具有普遍性和适应性；第四个方面，也是最后一个方面，是改善体质健康的措施，它包括膳食营养、运动处方、疾病预防常识三个小的方面，膳食营养就是在了解了学生的体质健康背景后，制定的营养餐，这些营养的三餐有好几种方案供同学们去挑选，让学生们在享受美食的过程中得到健康；运动处方就是依据学生体质健康状况来制定属于他们的专门的运动方案，它的内容包括运动种类、运动强度、运动时间、运动频率、运动进度及注意事项等；疾病预防常识，就是对一些常见的疾病的预防措施和常见的运动损伤的应急处理方法。总的来说，健康指导计划书是一个总体上的规划，对学生的体质健康具有高度的指导作用。

四、智慧校园体质健康管理平台的优势

（一）技术的创新

体质健康管理平台，在很早就被论证了，很多高校学生和老师都曾写过类似的毕业论文，然而真正地把体质健康平台建设出来的学校少之又少，湘潭大学就针对全国高校的这种情况投入了人力、物力去构建这个平台。这个平台被实际的构建并应用于高校学生体质健康的管理中，本身就是一种技术的创新和实践，是一个新生的事物，它使高校的体质健康管理上了一个新的台阶。

（二）管理的革命

管理是高校不可或缺的一部分内容，高校的管理对象是学生、教师和学校的物资，而其中最为重要的是对学生的管理。高校对学生的管理分为很多个方面，包括对学生成绩的管理、学生课程的管理、学生体质健康的管理等等，但近些年来高校学生的体质健康状况有些下降的趋势，为了提升高校学生的体质健康水平，每个学校都做出了自己的一些策略，比如说有晨跑签到、篮球赛、羽毛球赛、排球赛等，但是效果不是很明显，不能充分调动整个学校的学生的运动积极性，有很多学生就不喜欢去运动，在比赛或运动的时候他们只是作为一个旁观者的身份，还有很多学生的运动项目很单一，运动时间不规律，造成学生的身体素质下降。怎样才能有更好的方法去调动学生的运动积极性，提高他们的身体素质呢，我认为首先最重要的事情是对学生的体质健康状况要有足够的了解与掌握，才能制定出更加合理的方案来使学生的体质健康水平得到提升。而智慧校园体质健康平台就解决了这个问题，学生的体质测试数据被上传到平台之后会被整理分类、分析，最后会以图表的形式上传到平台上，学生就可以看见自己的成绩的分布图，看自己属于哪一类型的学生，哪些方面需要去加强与改进，同时体质健康管理平台还会以短信的形式来通知学生的成绩、补考信息、运动处方。这是高校对学生体质健康管理的一个革命性的跨越，也为国家对学生体质健康的管理提供了更多的帮助。

如今，我国已全面步入"互联网时代，移动网络技术与智能终端的应用在国家治理、政策法规、金融经济、文化教育、信息传播、医疗购物、社会资源整合共享等方面发挥着重要作用。高校体育工作应抓住这一契机，研判"智慧体育"发展趋势，开

启"互联网+体育"模式，创新校园"智慧体育"的新形态。智能APP的应用改变了现有的教育方式和传播模式，拓展了传统的校园网络平台，解决了师生之间、学生之间传达信息的时效问题，为实现智慧体育打下了基础。同时理性认清现阶段智能APP在高校校园体育活动中的作用，创新校园体育课堂和课外活动的运行模式，与学校的文化建设形成统一的整体，更好地为师生服务，并以此构建新的校园体育文化。这种模式，既顺应了社会发展形势，顺应学生心理与生活特点，又符合学校创新和延伸教育教学发展需要，同时还为高校"产、学、研"提供一个全新的设计与实践视角。

第七章　多维度视角下的体育教育概述

新时期高校体育教学改革与发展需要科学的体育教学理论做指导，只有充分了解体育教学特点、规律，认清体育教学本质特征与体系构成才能进一步优化体育教学。新的体育教学理念从教学观念上为体育教学工作者更深入地认识体育教学提供了理论指导，在新的体育教学理念指导下，体育教学中的很多问题可以得到有效解决，从而促进体育教学的进一步发展与完善。本章就重点对新时期的体育教学理念进行分析，以为体育教师更好地认识体育教学、开展体育教学活动提供启发、指导。

第一节　以人为本视角下的体育教育

一、"以人为本"教学理念概述

（一）"以人为本"的基本内涵

"以人为本"思想在古今中外均有所提及，只是一直到近现代才发展成为一个系统的思想，在教育教学领域成为一个固定的名词。

1.我国古代"以人为本"思想

在我国古代有着最早的学校和体育教育，一些思想家所提出的教学思想与现代"以人为本"教学理念有着相通的思想内涵，只是，当时的各种教育教学思想并没有形成一个系统化的理论体系。

早在商周时期，先人就提出了"民本"思想，指出人民国家的基础，这是我国古代教育家和思想家重视"人"的重要体现。

春秋时期，儒家倡导"仁者爱人""以民为国家之本"等思想，都与"以人为本"教学理念有着密切联系，只是，当时的对人的关注更多的是政治意义的体现，在教育方面并没有系统地显现出来。

2.西方早期"以人为本"思想

在西方国家，思想家开始关注人本身的发展，与现代"以人为本"的思想具有相似的思想内涵的人本思想最早在古希腊时期就已经出现，正式形成是在意大利文艺复兴时期。

古希腊时期，"以人为本"的思绪雏形就已经出现，这一时期，人民崇尚体育活动，重视人的身体的健康发展，关注人本身。

在文艺复兴时期，"尊重人、关注人"的思想得到了广泛推广，神学思想对人的身体和欲望的压制的思想受到了质疑，人们重新开始关注自我的健康发展。

19世纪初，费尔巴哈首次"人本主义"，在西方教育中一直影响至今。在"人本主义"思想影响下，西方教学体系发生了重大变革，各种教育活动的开展，教学内容、方式、方法选用，都将促进人的发展放在了首要考虑的地位。

近代以来，随着我国与西方国家接触的不断增多，现代"人本主义"思想传入我国，并在社会各个领域产生了广泛影响。

3. 现代"以人为本"思想内涵解析

自19世纪初哲学家费尔巴哈第一次提出了"人本主义"的口号。人本主义思想引起了社会家和思想家的重视，并不断有思想家提出新的"人本"观点，对"人本主义"学说进行丰富。

在人本主义思想的不断丰富与广泛影响下，西方教学思想在教育领域引起了对教学目的、任务、过程设计等的讨论与变革，促进了现代体育教育的发展。

在我国体育教育教学领域，"以人为本"教学理念指出，教育应落实到"育人"和"促进人发展"上面，这对我国传统体育过度重视竞技体育成绩取得、用体能训练和技能训练代替体育教学、体育教学重视竞技体育人才培养和为竞技体育运动发展服务等错误的教学思想进行了否定。

新时期的体育教育坚持"以人为本"教学理念，教育的出发点、中心以及最终归宿都是"人"，教育的目的是"人的发展"，教育以人为基础和根本的。"以人为本"的发展观要求在教育过程中将人的自由、幸福、和谐全面发展以及终极价值实现重视起来，要求体育教育突破机器的教育模式，真正转变为人的教育。教育是人的自我实现、自我理解以及自我确认的过程。而不是用金钱标准衡量现代人的自我价值和自我尊严。

新时期，将"以人为本"的基本发展理念融入体育教育，是人类社会协调和可持续发展的基本要求和重要内容。21世纪的竞争的根本是"人才"之间的竞争，而人才的培养是依靠教育来实现的，新时期，各级学校贯彻落实科学发展观，坚持"以人为本"，是学校体育教学发展的必然趋势与必然要求。

（二）"以人为本"的理论基础

"以人为本"教学理念的提出是在现代人本主义教育思想的基础上发展起来的。人本主义教育思想的产生，源于对现代科学发展中人对科学产品的使用和在智能化时代发展过程中的人的价值的丧失的思考。

进入20世纪后，随着科学技术的快速发展，科学主义成为当代教育发展的主流。

20世纪50年代的教育改革中，各种教学思想、教学观点层出不穷，其中，认知心理学和行为主义种对人性的认识分析带来困惑，教育工具化，接受教育、获取知识的兴趣的快乐体验无法得到重视，教育单纯成为人们获得更高技能与认可的一个途径。

也正是在科学技术不断发展的影响下，人类社会的生产生活方式和模式发生了很大的变化，科学改变生活，对人们启发很大，人们依赖科技，也会越来越受制于科技．因此在教育层面，人们也越来越强调"人本主义"，旨在将人从"器物"中解放出来。现代人本主义强调，应将人类从依赖科技中解放出来，恢复人在世界中的本体地位，而非依附于科技发展。

从社会发展中人的主体地位的体现到教育领域中对作为学习者、施教者的教学活动参与主体的"人"的重视，"以人为本"思想在包括教育在内的各个领域得到重视。

教育教学中的"以人为本"教学理念旨在将教学活动参与者从传统教学中的非人性化的状态中解脱出来，恢复人的教学主体地位，强调了"人"的重要性，在教学中，真正关注教师、学生的自我的健康、可持续发展。

"人本主义"理论具有以下几个基本观点。

（1）学习者是学习的主体，应受到尊重。

（2）学习是丰满人性的过程，根本目的是人的"自我实现"。强调教育应促进教学参与者（尤其是学生）人格的完整，促进人的认知与情感的丰富、提高。

（3）人际关系是最有效的学习条件。

（4）"意义学习"是最有效的学习。

（三）"以人为本"的教学解析

关于"以人为本"教学理念的含义，中外教学者有不少研究，并指出了自己的看法，我国代表性学者、观点有如下几种。

1. 王景英认为，"以人为本"教学理念的核心是教育要提升人的主体地位，"以人为本"，实际上就是"以学生为本"，教育应重视学生在教学中的主体地位。

2. 燕国材认为，教育的"以人为本"，要求教师应尊重、理解、关心和信任学生，发现每一个学生的不同之处和过人之处，关注学生的个性化发展。

3. "以人为本"教学理念，"人"是指学生，也指教师，教学应把学生和教师作为教育的主体。"以人为本"包括"以学生为本"和"以教师为本"两方面内容。

4. "以人为本"教学理念是一种尊重和关怀他人为核心的教学理念，倡导以人为主体；以教育为主体。

综上所述，在"以人为本"教学理念中，广义的"人"是指学生，教师和教育管理者，狭义的"人"是指学生，教育是"培养人"的一种活动，"以人为本"中的"人"的最大内涵桌"学生"，教育应以学生的身心健康、全面发展为"本"。

（四）"以入为本"的教学观点

"以人为本"肯定了人在教育中的重要作用，在教育教学实践的广泛应用过程中，体育教育工作者和许多学者逐渐总结概括出了以下几个观点。

1. 教育的目的是促进师生自我实现

首先，在体育教学中，学生的自我实现是要促进学生的身体、心理、智能、社会性等全方面的自我发展，让每一个学生都能通过体育教学有所进步，体育具有多元教育价值，通过体育教学能促进学生的各种素质的综合发展。在"以人为本"的基础性理论人本理论的支持下，体育教育强调了在体育教学中不仅要重视健康知识和运动技能的学习，还要通过科学的体育教学环境创设和教学过程安排来促进学生的心理、情感、智慧、社会性发展，使学生情感和智力有机结合。教育学家罗杰斯认为，体育教育的一个重要教学任务就是在体育教学中促进学生的认知与情感的共同进步与发展，通过体育教学，发掘和发挥每一个学生的学习潜能，培养学生在各个方面的创造性，最终所培养出来的学生应具有创新、创造意识与能力，这样的人才才是社会真正所需要的人才。

其次，在体育教学中，教师的自我实现最基本地就是能创造性地完成体育教学任务，在教学中实现作为教师的这一角色的价值，通过体育教学培养出适合社会发展的合格人才，促进学生的发展与进步。同时，在体育教学中，通过对体育教学的科学设计与各种丰富多彩的体育教学活动的开展和教学媒体媒介的应用来提高自己的教学能力、组织能力、社交能力、科研能力、创造力等，促进自我综合教学能力和体育素养的不断提高，实现自我职业生涯的不断发展，并能在日常工作和生活中身体力行地从事体育健身锻炼，不断提高自身的身体健康水平，并能对学生和周围的人形成一种潜移默化的影响。

2. 课程安排应尊重学生的自由发展

在人本教育理念产生之前，传统的教育侧重社会价值和工具价值，人本位的思想和观念使得人们认识到了传统工具化教育是对其本质属性的违背，必须认识到，人是教育的出发点，人本教育将教育的重点落实到人身上，关注人的健康成长。在人本教育基础上我国所提出的素质教育也正是关注人的以学生为本的一种教育，我国国务院曾指出，素质教育的实施方针是"坚持实现自身价值与服务祖国人民的统一"，学生是教育活动的主体，素质教育背景下的教育应关注学生的个性发展，独立人格发展，在体育教学中，教学应关注学生群体与个体的统一性、个性化发展，通过体育教学，调动每一个学生的积极性，促进每一个学生的自我进步。

体育教学所面对的教学对象是人，每一个人都与其他人存在个体差异，教育不是为了"批量生产人才"，而是旨在促进每一个人健康全面发展的基础上的个性化发展，因此，体育教学应在统一要求的基础上做到因材施教，教师必须要尽可能实现多种多样、侧重点不同的教学课程设计，使每一个学生都能在体育教学中有所进步与城镇，通过科学体育教学活动组织与引导学生的正确、充分参与培养个性化的人才。

3. 教学方法选用应重视学生情感体验

人本主义教学理论强调"以人为本"，主张教学以学生为中心，实现个性化发展，而学生的这种发展都是从学习经验中体悟和实现的，因此，这就要求体育教学中应重视科学化体育教学方法的选择，激发学生的体育学习兴趣，为学生创造良好的学习体验。

在"弘扬人的个性，强调以人为中心，尊重人的情感体验"的现代体育教学中，体育教师应全面了解学生、充分尊重学生、真正理解和信任学生，在此基础上，教师与学生之间的"高高在上""师命不可违"的关系才能彻底改变，才有助于教师与学生构建和谐的师生关系。而良好的师生关系的建立对于体育教学活动的顺利开展具有非常重要的意义。可以说，学生对体育学习的态度个人爱好、获得学分是重要动机，来自教师的个人魅力因素也具有重要影响。此外，师生的和谐关系建立也有助于教学活动中师生能够更好地配合，从而提高体育教学的质量。

二、"以人为本"教学理念的高校体育教学指导

（一）重新定位体育教育价值

传统体育教学在对"育人"的认识上存在不少误区。长期以来，人们总是在理解体育科学化的基础上，常常采用生物学的观点来对学校体育的价值做出判断，并且过多地关注学校体育"增强体质"的功能。此外，在对体育运动的本质理解上，一些教师存在一定的偏差，以足球运动教学为例，我国体育教材普遍将体育运动确定为"是以脚支配球为主，两个队在同一场地内进行攻守的体育运动项目"，针对此概念，有教师认为，"球"是活动争夺的目标，自然应该处于主体地位，因此也就忽视了"球"要受制于人，"人"才是整个体育活动中的活动主体。

在全球化的发展背景下，各种思想文化处在不断的发展和融合之中，教育思想也呈现出这一发展趋势，人本理论和"以人为本"教育理念的提出体现了当代社会对人的发展的重视，在体育教育教学领域，当前的学校体育更加强调人性的回归，学校体育的根本出发点和落脚点应是"育人"。

现代高校体育教学中，"以人为本"教学理念是负荷当前时代的发展要求的，当前社会，人的发展在社会的各个领域受到了重视，即使是在智能时代，很多机器生产代替了人工生产，但是发明机器、操控机器的还是人，人在人类社会的发展中是起到关键作用的，任何时候都不能忽视人的作用。

人本主义教学理念与思想指导下的体育教学，就是要求教育者在体育教学活动开展过程中关注作为教学对象的学生这一因素，教师的教学活动开展需要学生的参与、配合，如果没有学生的参与，则教学活动就没有开展的意义了。

必须提出的是，教师也是教学活动中非常重要的参与一方，也是应该受到关注的人这一要素。体育教师在教学活动中所发挥的作用也不容忽视。

现阶段，我国的体育教学思想呈现出多元化的发展趋势，诸多教学思想都围绕"人"的教育展开论述，讨论了体育教学中如何更好地促进和实现"人"的发展。

（二）体育教学目标的重构

在我国，传统的学校体育教学目标为增强学生体质、掌握"三基"和德育，体育教学过于功利化，过于追求竞技成绩和金牌数量，这些都严重忽视了学生的健康发

展，不利于学生的健康可持续发展的同时也不利于整个教学的可持续发展。

随着体育教学的不断发展，新的科学化的教学理论、教学理念给了体育教育工作者更多的教育启发与指导，体育教学的育人作用被不断丰富和发展，多元化的学校体育价值体系对体育教学目标重构提出了要求。

新时期，"以人为本"教育理念在学校不同学科的教学中广泛应用并渗透，也有越来越多的学者认识到传统的体育教育体制不再适合当前的体育教育教学，不能单纯地追求学生的外在技能水平，而应该重视学生的全面、健康、可持续发展。新时期的体育教学的重点转移到"以人为主"上，在体育教学中，教师必须认识到，人是运动的参与者、是运动的主体，体育运动的教学和训练也必须以促进人的全面发展为根本目标。

（三）学生教学主体观的建立

现阶段，"以人为本"教学理念成为我国体育教学的重要教学理念，我国的体育教学实践活动开展过程中，越来越多的教师开始关注学生，从学生的特点、条件、基础和学习需要出发来选择教学内容、选择教学方法、选择教学组织形式与教学模式。高校体育更多以选修课形式设置，不同教师之间也正是通过个人教学能力和对学生的"因材施教"和关心关爱学生、研究学生获得学生喜欢，以此来促进更多的学生来选修自己的体育课程。

总之，学生是教学的主体，没有学生，教学也就不复存在。

（四）体育课程内容的优选

传统体育教学对学生的全面健康发展关注不够，体育教学课程内容主要是竞技体育运动技能，体育教学课通常被体能训练课、技能训练课代替，新时期的"以人为本"教学理念重视学生的全面、健康、个性化发展，在体育教学内容选择上，也更加科学。

在"以人为本"教学理念指导下，我国的体育教学有了很大的进步与发展，为了进一步促进我国体育教学的改革，教育部门先后修订各级学校体育教学大纲，强调在体育教学中要不断丰富体育教学内容，通过多样化教学内容旨在促进学生的身心健康与全面发展。高校体育教学中，教学活动开展也建立在落实"健康第一"的教学理念的基础上进行，通过丰富的体育教学内容来吸引学生参与体育锻炼，通过体育教学促进学生身心健康发展，而非传统体育教学中只关注竞技能力提高，有时为达到这"竞技力提高的目的"甚至安排不合理教学内容，超负荷的揠苗助长，可能对学生身心健康造成损害，这种行为是"健康第一"教学理念坚决禁止的。

此外，在丰富高校体育教学内容的同时，"以人为本"教学理念还强调体育教学内容与不同大学生的发展需求的相适应，在体育教学内容优选中应注意以下几点要求。

1. 突出体育教学内容的趣味性，在课程改革过程中，激发学生学习的兴趣。

2. 强调体育教学内容的健身性，过度强调竞技技术提高的体育教学内容予以摒弃或改编，使之能更好地为促进高校大学生的身体健康服务。

3.重视体育教学内容的适用性，体育教学内容的教学实施应有利于学生的当前身体健康发展，并能为高校大学生的终身体育意识和体育能力的培养奠定基础。

（4）关注体育教学内容的创新性，高校体育教学内容还应适应现代化社会发展潮流，应具有启发性、创新性，促进高校大学生的创新意识和能力培养。

第二节　健康第一视角下的体育教育

一、"健康第一"教学理念概述

（一）"健康第一"的提出背景

在我国，"健康第一"的教学理念的提出最早可以追溯到1950年，当时，毛泽东同志提出教育应重视学生身体健康发展，旨在改变当时学生负担太重、健康水平日益下降的现状，他指出："各校要注意健康第一、学习第二"。

新中国成立后，我国各方面的恢复与发展都逐渐走向正规，由于缺乏经验，各项事业的发展过程中都或多或少地走了一些弯路。在高校体育教学的发展过程中，我国先后开展了体育教育领域改革的思考与讨论，提出了许多创新教学理念、思想、形式，如国民素质教育、国民体质教育、青少年儿童健康教育，这些教育问题都在当时得到了不同程度的热议，随后不久，我国在体育教育领域就确定了"健康第一"的体育教育教学理念，否定了之前的"以劳动代替体育教育""追求金牌数量"的体育教育。

1990年6月，教育部和卫生部首次联合颁发《学校卫生工作条例》，健康教育依法纳入到学校体育教学。

改革开放以后，西方先进体育教学理论与思想传入，我国"健康第一"教学理念更加受到肯定。

随着我国体育教育研究不断加深，20世纪90年代，"健康第一"教学理念的内涵得到了进一步的丰富，这一时期的"健康第一"主要是对"素质教育"的诉求，它与"以学生为本"的教学理念有机结合，旨在培养高素质全面发展人才，实现学生个人发展需要与社会发展需要的有机统一。

21世纪以来，关注人的健康教育成为新时期高校体育教育的教育重点，我国更加重视学生在体育教学中的健康全面发展，2006年，教育部与体育总局在共同发表《关于进一步加强学校体育工作，切实提高学生健康素质的意见》；中央颁布《关于开展全国亿万学生阳光体育运动的决定》。

目前，"健康第一"是现阶段体育教学的一个重要教学理念，我国学校体育的指导思想是"健身育人"，"健身"与"育人"的结合，体育运动教学应将促进学生的身体健康发展放在首位，突显了体育教育本质。

2016年，国务院印发《关于强化学校体育促进学生身心健康全面发展的意见》，首次把学校体育与健康中国、中国梦紧密结合起来，指出"学生体质健康水平仍是学生素质的明显短板"的事实。同年，国务院印发《"健康中国2030"规划纲要》，进一步提倡要加强学校健康教育力度。高校体育作为体育教育的一个重要教育构成，在促进我国学生体育健康教育方面、加强健康中国建设方面发挥着重要的作用。"健康第一"教育理念在高校体育教学中发挥着重要的影响作用。

（二）"健康第一"的理论依据

从世界范围来看，"健康第一"教学理念的提出是符合世界教育发展趋势和社会对人才的发展要求的。

1. 世界范围内对人类健康发展的重视

在人类社会的发展历程中，健康始终是一个备受关注的课题。人类健康是推动人类社会发展的一个必要条件。

世界范围内各国开始普遍性地关注社会健康、大众健康是在20世纪50年代，二战以后，各国社会经济逐渐恢复，各方面的发展促进了各个国家和地区对本国家和地区的人们健康的重视，大众健康逐渐走入公众视野，同时，教育领域关注学生健康也成为国际体育教育的发展潮流。

1948年，公众健康问题在世界范围内广受重视，世界卫生组织提出健康现代健康新理念，为适应世界发展趋势，我国也开始关注社会大众健康教育、学校体育教育，提出"健康第一"的探讨教育教学指导思想。

随着国际间的大众健康交流日益增多，各国和地区都非常重视本国和地区的大众健康发展，整个社会已对体育的功能、价值等方面形成了全新的认识，在教育领域，重视学生的健康发展，成为各个国家和地区重视本国体育事业和教育事业发展的一个重中之重，体育健康教育对增强青少年体质健康水平和通过青少年群体影响周围群众健康、实现青少年进入社会成为社会体育人口间接增进社会大众健康具有重要而深远的影响。

在全世界都强调素质教育的大背景下，2005年党中央国务院公布的《关于深化教育改革全面推进素质教育的决定》，"健康第一"教学理念成为我国高校体育重要教育指导理念。

2. 社会发展对人才健康发展的客观要求

随着科学科技的不断进步、经济的发展迅速、社会生活节奏日益加快，人类的体力劳动越来越少了，长时间伏案工作所造成的"运动不足""肌肉饥饿"严重影响了人们的身体健康。基于社会压力所产生的各种心理疾病严重影响了人们的心理健康；社会功利化发展，过多地利益争夺对人们的社会性发展也产生了不良影响。诸多健康问题困扰着个人的发展和整个社会的健康发展。

20世纪90年代开始，疾病死亡原因发生了本质的变化，生活方式发生率急剧转变成为疾病死亡高发的重要诱因。健康问题成为一个社会发展问题，人们充分认识到健康的重要性，在教育领域，学生的健康问题同样引起关注。

进入21世纪以后，"全民健身"和"青少年体质健康"问题更大范围地走进我国国民的生活视野，大众体育健身参与、体育健康教育成为我国阻挡"现代文明病""办公室疾病""肌肉饥饿与运动不足病"的重要良方和强大武器。

在当前和未来社会的发展过程中，健康问题将始终是影响个人和社会发展的一个首要问题，社会的快速发展与激烈竞争要求现代人才不仅要有正确的政治思想，具备扎实的科学知识和能力，还必须具备强健的体魄，"身体健康是其他一切健康的基础"，"身体是革命的本钱"，身体健康是个体生活、学习、工作的基础，如果没有一个健康的身体，则还难在社会劳动力竞争中占据优势，社会竞争对劳动力的基本要求就是身体健康。要想在这个竞争中立于不败之地，必须首先拥有一个健康的体魄。

教育的最终目的是促进个人的健康发展、培养符合社会发展的合格人才，对学生群体的身体健康教育是体育健康教育的重中之重。

（三）"健康第一"的教育特点

"健康第一"教育理念内涵丰富，其在体育教学实践中表现出以下特点。

1. 强调身体健康是健康的基础

"健康第一"，其中所提到的"健康"是全面的健康，是包括身体健康、心理健康、社会健康、生殖健康等在内的多维健康，健康的基础是身体健康。健康的体魄是人类发展的基本标志。教育应首先关注健康教育。

2. 强调多元健康发展的素质教育

"健康第一"作为一个现阶段的重要的先进教育理念的提出，强调体育教育应重视学生的健康发展，指出学校教育教学的首要目标是促进学生的健康成长，学生的身心健康比"卷面分数""升学率"更为重要。

3. 强调健康教育的全面性

（1）学生身体健康教育，在"健康第一"指导思想指导下，高校体育教学应时刻关注学生的各方面健康的综合发展，通过体育教学，关注和促进学生的身体健康发展，也促进学生的心理和社会性的发展，以为学生奠定良好的身体基础、心理基础，并能在走出校园走进社会之后能有良好的身心健康状态和水平应对生活、工作、再教育中的各种挑战。

（2）学生心理健康教育。现代社会竞争日益加剧，各种社会竞争要求社会生活中的每一个成员都应具备良好的心理素质，如此才能正确地看待、应付学习、生活、升学、就业、恋爱、婚姻等过程中的各种问题。当前，就我国高校大学生群体而言，许多大学生都深受学业、就业、生活中的各种问题的困扰，都存在不同程度的心理问题。因此，教育关注学生心理健康非常必要。体育具有促进运动者健康心理形成和发展的重要作用，现代大学生压力大，也容易受不良因素影响，高校体育教育应关注大学生的心理健康发展，通过体育教学活动开展，促进大学生心理健康发展。

（3）学生社会性发展教育。体育是一种独特的教育形式，学校体育教育可促进学生的社会性良好发展，应该在教学中有意识地培养学生的人际关系建立、竞争与合作能力。

因此，在高校体育教学活动开展中，深入挖掘体育的教育价值，在体育教学实践中充分贯彻"健康第一"的教育理念，切实促进学生身心健康、全面发展。

二、"健康第一"教学理念的高校体育教学指导

(一) 树立体育教育新观念

"健康第一"教学理念对我国的体育教育的最重要的影响就是教育重点和方向的转变，新时期，贯彻"健康第一"教学理念，就必须转变体育教育观念，改变竞技化体育教育，关注学生身心健康发展。应该把教育的重心从单纯地追求学生的外在技能水平向追求学生的全面协调发展转移。

新时期，不断强化高校体育教育教学改革，必须落实健康教育，每一个高校、每一个高校体育教育工作者，都应该形成正确的体育价值观、培养良好的意志品质，不断完善性格特征。总之，现代科学化的体育教育应该将体育教育工作理念从以往单纯的"增强体质"为主转移到"健康第一"的新型教育观、发展观。

现阶段，社会发展对人才的要求是全面化的，一名合格的社会人才应该是健康发展的人才，身体健康、心理健康、社会性健康等，缺一不可。

(二) 明确体育健康教学目标

在当前的体育教育教学实践中，"育人"是学校体育教学工作的最根本目标，技术教育和体制教育并不能完全作为学校体育实践的重心，"健康第一"的教育理念为促进我国高校体育目标多样性、多层次的建构提出了新的要求。具体如下。

1.高校体育教育应重视加强学生的体育文化知识教育，提高学生体育文化素养。

2.高校体育教育应充分融合健康、卫生、保健、美育等多种教育内容，通过内容全面的体育教育来培养学生健康的体育意识、健康的娱乐休闲习惯，远离可能影响个人身体健康的一切不健康因素和事件的影响。

3.高校的体育教育工作的开展应紧密结合学生生长发育与生活实际开展健康教育，使学生会自我保护，预防疾病发生。

4.高校体育教育应重视大学生青春期教育和心理健康教育，作为健康教育的重要内容来抓好，为学生在特殊时期的健康成长提供科学指导。

(三) 完善体育教学课程体系

深化高校体育教学课程体系改革是促进高校体育教学发展的一个重要和有效途径，新时期，要贯彻落实"健康第一"体育教学理念，就必须在体育教学课程体系建设方面做好工作，不断丰富体育教学课程体系内容，以更好地满足当前高校大学生的多元化、个性化的体育健康发展需求。

在"健康第一"教育理念影响下，我国的高校体育教学课程现状发生了很大的改

变，如体育课程内容的增加，教学方法的不断丰富、学校体育课内与课外活动的有机结合，体育选修课越来越考虑大学生的学习爱好与需要，体育课程与内容设置针对不同专业学生凸显出了专业特点等。

现阶段，要继续贯穿"健康第一"教学理念，建设更加完善的体育教学课程体系，应持续做好以下工作。

1. 在高校体育教学中，应始终坚持以学生为主体，将学生的身心健康发展放在首位，所有教学活动的开展都应围绕促进学生的健康发展服务。

2. 调整体育教学内容，充分了解学生的特点和需求，对体育教学大纲所规定的教学内容进行科学选择，对与本校实际教学情况和本校学生不适合的教学内容进行调整，使体育教学内容能更好地从理论落实到教学活动实践中。

3. 丰富体育教学内容。通过丰富的体育教学内容吸引高校大学生的体育学习与体育参与兴趣，通过丰富的体育教学内容满足大学生的不同体育学习需求。

4. 重视教学内容的因地制宜，根据本地区气候、资源以及学校自身教学特点来进行特色化的体育教学课程设置，并研究推出更能反映本校学生健康发展的健康检测内容与标准。

5. 重视高校大学生课内体育教育与课外体育活动的有机结合，加强体育课对学生的教育意义和提高学生对体育课的兴趣，并使学生养成科学合理的作息习惯、健身习惯，在课余时间也能科学健身，保持健康的生活方式。

（四）重视体育教学方法优化

良好的体育教学效果的开展受到体育教学方法是否正确的影响，在高校体育教学中，有很多体育教学方法可以供教师进行选择，不同的体育教学方法有不同的特点，同一种体育教学内容的展现可通过多种教学方法来展现给学生，体育教师应该判断出哪一种教学方法是最合适的，这样可以促进教学方法应用的最优化，进而促进体育教学效果的最优化。重视体育教学方法优化，要求体育教师具有良好的体育教学能力，有能科学选择各种教学方法、有效应用各种教学方法的能力。

（五）教学评价体系的完善

在"健康第一"思想的影响下，体育教学的评价应以学生的体质增强、身心健康发展为重要评价指标，完善体育教学评价体系。

"健康第一"教学理念指导下的高校体育教学评价体系的科学化构建与完善，具体要求如下。

1. 对学生的全面评价中，要重视对多方面的教学效果进行量化分析，并且将定性评价和定量评价相结合，提高教学评价的科学性，促进学生能更好地认识自身的不足以及获得学习的动力。

2. 对学生的全面评价中，要做到评价内容的全面、评价指标的全面、评价方法的全面，还有尽量做到邀请不同的评价主体进行评价。

3. 体育教学不仅注重对学生进行全面的评价，还注重对教师教学的方面评价。

第三节　终身体育视角下的体育教育

一、"终身体育"教学理念概述

(一)"终身体育"的基本内涵

"终身体育"教育思想的形成是人类自身和社会发展的必然。终身体育包括两个方面的内容：一，终身教育贯彻人的一生，从出生开始一直延续到生命的结束，在人的一生中，都应养成参加体育锻炼的习惯，体育是日常生活的重要组成部分；二，终身体育是科学的体育教育，在人的一生中的不同的阶段，都有正确的价值观念来指导和引导个体参加体育活动，并通过体育活动的参加实现身体的健康发展，终身受益。

具体可以从以下几方面来理解终身体育。

1. 时间方面，贯穿于人的一生。

2. 内容方面，项目丰富多样，选择性强。

3. 人员方面，面向社会全体公民。

4. 教育方面，旨在提高全民体质健康水平。

学校"终身体育"教学思想的树立和形成能有效促进我国体育教学的发展，是所有运动项目的体育教学都应该树立的一个正确教学思想和观念。

要切实推动终身体育教育理念在高校的贯彻落实，教师在推动"终身体育"教育思想的落实方面具有非常重要的责任与作用，调查发现，在学生对于体育运动的参与方面，有很多学生受到教师的影响，特别是教师业务水平的影响，教师应在教学中和课堂外都提倡学生积极参与体育锻炼。

在体育课堂教学中，教师应关注学生终身体育意识和能力培养，不能只关注和过于重视技术、技能教学。

在体育课堂外，教师可以组织学生开展各种体育活动、体育游戏，对高校大学生体育俱乐部活动的开展，教师应鼓励，并给出指导性意见和建议。

(二)"终身体育"的思想特征

1. 体育锻炼时间的终身性

"终身体育"是一种先进的教育理念，其最为重要的一点就是它可以令个体一生受益。

从教育功能作用于个体的影响来看，"终身体育"突破了传统的学校体育目标过分强调学习和掌握运动技能的观念，打破了传统的体育教学把人接受体育教育的时间仅仅局限在在校学习期间，而是将体育教育时间大大延长，囊括了人的一生。

"终身体育"教育理念强调体育教学应符合学生生长发育、心理健康发育的客观规律，以及健身的长久性，注重培养学生对体育的爱好、兴趣，养成锻炼的习惯和能力，强调体育参与的终身参与、终身受益。

2.体育锻炼群体的全民性

"终身体育"的体育对象指接受终身体育的所有人，每一个社会成员都应该积极参与，"终身体育"是面向全体社会成员的，从学生在学校体育教学中逐渐培养起体育锻炼意识到走出校门走进社会之后能持续参与体育锻炼，为以后的整个人生参与体育锻炼奠定良好的基础。因此，终身体育教育的主体并不局限于在校学生，而是面向所有民众，应做到全民积极、主动参与。

从一种体育发展理念演变为一种体育教育理念，"终身体育"教育理念的教育对象是面向整个人类社会的成员的，"终身体育"教育不仅仅局限于学生，包括社会大众。

体育教育是一个需要长期坚持的系统工程，生存、健康是社会和时代发展主流，健康是人们生存生活的重要基础，体育健身与生活是密不可分的。因此，无论个体的年龄、社会身份发生怎样的变化，都应该成为"终身体育"的教育对象。

3.体育锻炼目的的实效性

"终身体育"以适应个人发展和社会发展为根本着眼点的。因此，终身体育参与必须要做到因地制宜，因人而异，不同的人应结合自己实际选择具体锻炼内容、方式、方法等，同时，应融入到日常的生活、学习、工作中。

在现代社会生活中，人们为了改善自己的生活质量，根据自身条件合理选择适合自己的体育方式，做到有的放矢，具有较强的针对性和实效性。

在高校体育教育教学中，体育教学的内容选择、方法运用都应为提高学生的体育知识、体育技能服务，不断提高学生的终身体育意识和终身体育能力，如此，在大学生毕业进入社会后，也能持续参与体育健身锻炼。

（三）"终身体育"与体育教育

1.终身体育与学校体育的相同点

（1）共同的体育目标——育人

体育具有多元教育价值，无论是终身体育参与还是体育教育的体育活动参与，其最终目标都是为了实现体育运动者的体育、智育、德育、美育等多元教育价值，更好地促进运动参与者的健康全面发展。

健康的身体是其他健康的前提条件，学校体育教学就是要培养学生的终身体育意识与能力，以为其健康的一生，更好地实现个人价值和社会价值奠定健康基础。

（2）共同的体育手段——健身

终身体育活动参与和体育教育都是通过体育运动健身参与来实现体育的教育价值的，最终的个体行为也都落实在体育健身活动上面，终身体育强调个体应养成终身参与体育锻炼的习惯，在人生的每一个阶段都积极参与体育健身锻炼。体育教学以学生的身体练习为主要教学手段，通过身体活动促进身心、社会性全面发展。

（3）共同的体育任务——掌握体育知识，提高运动能力

个体的终身体育健康参与，离不开科学体育知识作指导，离不开体育健身锻炼实

践活动参与，而同时，体育知识与体育技能的掌握，也是高校体育教学的重要任务，只有掌握这两方面的内容，才能更加科学地去从事体育健身实践活动，才能通过身体力行的体育活动参与实现运动者的身心健康全面发展。

2.终身体育与学校体育的区别

（1）体育参与时限不同

终身体育贯穿人的一生，学校体育只负责学生在校期间的体育教育。

（2）体育教育对象不同

终身体育以全社会所有成员为教育对象，学校体育以在校学生为教育对象。

二、"终身体育"教学理念的高校体育教学指导

（一）转变传统体育教学思想

"终身体育"教学思想指导下的高校体育教学，应该在体育教学内容、体育教学方法、体育教学评价等各方面都要做到以培养和提高学生的体育终身意识和能力为标准，通过与学生日常生活、学习、工作关系更密切、关联程度更大的体育项目教学，培养学生的运动习惯，而不是仅仅关注学生的运动技能掌握情况。

高校体育教育教学过程中，教师应将体育教学达标的制订从单纯和过度关注技能指标的思想观念中解放出来，关注学生的体育价值观、体育态度、体育意识、体育行为习惯，如此才能真正有针对性地开展体育教学，才能真正实现终身体育教育。

"终身体育"教学理念是高校体育教学改革的指导思想，也是高校体育教学发展的落脚点。

（二）重视学生终身体育意识的培养

个体的体育活动参与行为的实现，必须建立在对"终身体育"教育理念有一个正确的认识的基础上，"终身体育"意识是高校大学生主动进行体育学习、体育参与的重要内部驱动力和动机。

当前社会，社会节奏快、生活压力大，每一个人都面临着各种各样的生理和心理负担，要获得高质量的生活，就必须确保身心健康发展，体育运动能有效促进运动者的身心保持良好的状态，终身体育对于学生的身心素质发展促进具有重要作用，学生走进社会之后，在社会上面临的各种压力并不比学生时代少，甚至要更多，体育健身锻炼是一种身心压力释放、身心健康状态重塑的过程，对运动者保持良好身心状态迎接生活、学习、工作挑战是非常重要的，可以有效提高个人生活质量，提高学习、工作效率。

终身体育活动参与对于个人的社会性发展是具有重要的促进作用的，大学生坚持体育健身锻炼，能有效增强身心适应能力，可以在毕业步入社会后更好地适应社会，提高自己的抗击压力的能力。

现代高校体育教学实践中，要培养学生的终身体育意识，要求教师应做好以下教育引导工作。

1. 引导学生树立正确体育价值观。

2. 端正体育学习态度。

3. 将素质、技能、知识、能力等教育内容渗透到终身体育教育中。

4. 通过体育教学丰富学生的体育知识、体育技能，提高终身体育参与能力，为终身体育锻炼奠定基础。

（三）丰富终身体育教学内容的设置

学生的个体差异性决定了学生的体育兴趣爱好不同、所适合从事的体育运动项目不同、所渴望学习的体育运动知识与技能（水平）不同，因此，在高校体育教学中，不能只追求学生某一特定的运动技能和运动的熟练程度，而是重视不同学生的不同体育发展需求，尽可能地丰富体育教学内容，使体育教学内容项目、层次多样化。

"终身体育"教学理念指导下的体育教学内容丰富化教学工作要求如下。

1. 延伸与拓展学校体育课堂教育，使学校体育向终身体育延伸。

2. 不同教学内容的课程目标设置应在充分了解与分析学生的现状的基础上进行，以体育课程终身体育教学目标为导向组织体育教学。

3. 选用体育课程内容时，应重视对休闲体育项目、时尚体育项目的引进，开展能够激发学生体育兴趣和潜能的体育活动。

（四）关注学生需求与社会需求的统一

"终身体育"旨在为学生提供一种健康的生活态度与生活方式，对于任何人来说，身体健康都是个体适应现代社会生活、工作、发展的必要条件。

高校体育教育的终身体育教育理念的贯彻，就是要在培养符合社会发展的合格人才的基础上，促进学生的个性化发展，实现学生的社会价值与个人价值的共同发展。

高校终身体育教育对学生需求与社会需求的统一性的实现，要求应做好以下工作。

1. 重视国家需要、社会需要与学生个体需要的有机结合。

2. 明确学生需要与社会需要的彼此地位。这是正确处理学校体育发展与社会需要适配性的关键问题。

3. 重视体育教育的健身价值与人文价值的实现，重视体育知识、体育技能、体育习惯的共同培养。

4. 围绕学生开展体育教学，充分满足学生的学习和发展需求。

5. 全面提高大学生的体育素养，以符合社会发展对人才的体质、体能、知识、精神、道德要求。

"终身体育"教育有四个支柱，即"学会认知、学会做事、学会生活、学会生存"，但应充分考虑"终身体育"与"以人为本""健康第一"的有机结合。

第四节　科技发展视角下的体育教育

现代科学技术已经渗透到体育运动的各个领域，成为推动体育发展的重要因素。科学技术是第一生产力，科学技术发展水平在一定意义上决定着各种社会活动的发展进程。没有伴随着工业革命产生的一系列科学技术革命，现代奥林匹克运动就不可能产生。没有近一个世纪以来，特别是二战以后世界科学技术的飞速发展，体育运动也不会有今天的这种规模、辉煌和影响力。

一、科学技术与体育的关系

（一）科学技术促进体育发展

在现代社会中，科学技术已经成为第一生产力。体育作为一项重要的社会文化现象，在运动技术、体育设备、体育价值观念发展方面无不受到科学技术的强烈影响，无论是从提高体育运动的竞技水平，还是从提高运动员的健康水平，建立科学、文明、健康的生活方式，更新人们的体育观念，都离不开科学技术的支持。

1. 科学技术对运动技术的推进作用

现代科学技术的迅猛发展对体育产生了前所未有的影响，科学技术已经成为决定当代体育发展的重要因素。"背越式跳高"技术、"高航式"蛙泳技术、"弧旋球技术"等的发明都给各自的运动项目带来巨大的改变。新材料、新器械的使用引起了技术动作的革命性变化和运动成绩的大幅度提高，如射箭运动用的弓、箭，速滑运动使用的新型活动刀托，"塔当跑道"，用玻璃钢尼龙制成的"撑竿"以及"鲨鱼皮"泳装等，对竞技运动的发展产生了巨大的推动作用。此外，现代科学技术对运动技术的诊断、创新也起到了积极的作用，为运动技术的身体姿势、动作轨迹、动作时间、动作节奏等结构要素的分析、诊断提供了切实的保障，并为技术的改进与创新奠定了基础。

2. 体育设备的科学革命

随着科学技术的不断发展和广泛应用，科学技术也越来越广泛地向体育器材领域渗透，出现越来越多利用新材料、新技术、新工艺制作的先进体育器材设施。科学技术的进步使许多依赖运动器材进行的比赛项目有了较大的发展与提高，如塑胶跑道、人工草皮等都是科技在竞技体育中的运用，也为人类在体能、技能及其他方面挑战极限提供了便利条件和可靠保证，显示了科技在竞技体育中的威力。另外，现代科学技术促进了运动训练器材的发展，如网球机器人、乒乓球发球机、柔道机器人、摔跤机器人、拳击机器人的成功研制与广泛应用，使训练的效率得到明显的提高。高原模拟训练房通过控制氧气浓度等手段，可以模拟海拔500米至5000米的高原低压低氧的训练环境。这些新的设施与技术能够帮助人们科学地、动态地掌握各种训练数据和参数，为运动技术的提高和制订科学、合理的训练计划提供了有力的支持，从而提高了运动训练的效果。

3. 科学促进体育价值观念改变

体育价值观念是指社会个体以自我为中心对体育存在的评价的总和，是人们对体育这一社会现象的价值取向。生存环境的严重恶化、资源的枯竭或短缺、土地的沙化和"城市病"的大规模蔓延，造成严重的社会问题，引起人们深刻的反思，也影响到社会的良性运转和人类自身的健康发展，所以体育界顺应时代发展，提出了"绿色体育""生态体育""可持续发展的体育"等概念；由于知识、信息在社会发展中的突出地位与作用，又有"知识体育""信息体育"的新提法；日益发达的网络技术对社会和体育也产生了重要影响，因而又出现了"数字化体育"的概念。这些新的概念与提法都顺应了科学技术的发展。

（二）体育与科学联姻形成体育科学

现代体育科学是随着现代体育和现代科学技术的发展而兴起的。伴随着19世纪末工业革命而进入现代体育新的历史阶段之后，越来越多的现代科学技术被应用于体育运动。无论在提高竞技体育的运动技术水平方面，还是在促进青少年德育、智育、体育的全面发展和保持人类健康水平、防治各种"现代文明病"等方面，许多学科（如医学、解剖学、生理学、生物力学、生物化学、运动学、社会学、心理学、教育学、哲学、美学、伦理学、法学等）都为了解决体育运动中所面临的问题而与体育结合，逐步向体育科学渗透，形成了体育科学中各个学科的专门知识体系，如体育教育学、体育社会学、体育哲学等。

（三）科学的发展赋予体育重要的地位

科学技术的发展推动了社会各个领域的进步，将人们从繁重的体力劳动中解脱出来，用脑力劳动代替了体力劳动。随着科学技术的发展，人类的物质生活水平有了很大程度的提高，同时"现代文明病"也开始出现。为了解决"现代文明病"，体育健身功能被提到前所未有的高度，群众健身热潮一浪高过一浪。

科学技术变革引起生产方式变革和劳动结构的变化，从而大大提高了生产效率，使人们有了更多的闲暇时间。闲暇时间是开展社会体育活动的重要前提。在闲暇时间里，人们把参与体育健身视为一种时尚和潮流，因为参与体育健身可以满足强身健体、愉悦心情、交流沟通、融洽邻里关系等要求。

科学技术发展推动社会经济发展，为体育尤其是奥林匹克体育的发展奠定了强大的经济基础，使全世界刮起了奥林匹克风。在科学技术和现代媒体的作用下，这股体育风吹进了世界上的每一个角落。世界的发展离不开体育，在欧美一些同家，体育产业已经成为国家经济的支柱性产业。

科学技术和现代媒体加快了体育的传播速度，使人们的生活更加精彩纷呈。过去人们不曾看过的、不曾想过的一些精彩体育运动，人们通过现代媒体都可以看到，体育已经成为人们生活中不可或缺的重要组成部分。

二、体育科学化的作用

（一）体育科学化有利于促进体育发展

1. 科学技术进步促进竞技体育运动的发展

计算机技术、材料科学、生物力学、现代心理学和生理学等现代科学技术在竞技体育中的广泛应用，在运动员动作设计、动作分析以及身体素质的提高、伤病恢复等各方面给予运动员巨大的支持，对运动员成绩和比赛水平的提高起到了关键性的促进作用。另外，科学技术革命成果也对竞技体育的科学管理产生了很大的影响，计算机等现代信息技术手段已经被大量应用于体育赛事和体育组织的管理中。

2. 从体育发展史中看科学技术革命的推动作用

人类古代的体育活动中比较具有代表性的是古希腊的奥林匹克运动会，从公元前776年一直持续到公元393年结束，前后共经历了1000多年，它是现代奥林匹克运动的渊源。在古奥林匹克时代，人类的生产力水平还比较低下，科学技术还未成为人们解释自然现象、推进生产力发展的主要方式，体育运动也往往与宗教活动联系在一起。随着人类科学技术水平的不断提高，科学逐渐开始影响人类生活的方方面面。无论是劳动工具、劳动对象，还是农耕纺织、天文星象，都受到了影响，当然也包括体育活动。19世纪初的第二次科学技术革命使电气化、机械技术和通信技术广泛应用于人们的生产与生活中，由此引起的产业革命大大提高了人类的物质生产力，使人类文明向前迈进了一大步。而正是在这种基础上，体育才摆脱了长期的禁锢和束缚，取得了伟大的突破。20世纪是科学技术以前所未有的速度发展的世纪，以计算机技术、核能技术和航天技术为代表的人类第三次科学技术革命深深地改变了人类的生产生活方式，使人类文明获得了空前的发展。依托于这种力量，体育也呈现出一种加速发展的态势。21世纪初，信息技术和生物工程的蓬勃发展又揭开了人类第四次科学技术革命的序幕。纵观当代体坛，竞技运动场早已不仅仅是运动员们之间的斗智斗勇，更是各国各队科学技术水平的角力。科学技术的高度发达带给人们越来越多的财富与余暇，使广大民众能够走上运动场，享受体育带来的快乐。

3. 科学技术进步促进群众体育的发展

群众体育追求的是社会体育人口的增加和国民体育素质的增强，因而群众体育通常有着较为简单易学的形式、便于开展的内容，以便在民众中普及。就群众体育运动形式本身而言，它对科学技术含量的要求并不高，但这并不意味着科学技术对于群众体育的发展没有意义，相反，它仍然以其无所不在的力量影响着群众体育的发展进程。

（二）体育科学化有利于发挥体育功能

教育和强身健体功能是体育最主要的功能，其中体育的教育功能更为重要。在不同的时代，体育被社会赋予的教育意义也有所不同。对年轻人来说，体育的教育功能就是要让学生爱党、爱国和为国争光；就是要让学生学会吃苦和磨炼意志，接受党和人民交给的光荣任务；就是要让学生加强体育锻炼、努力学习，以迎接未来的挑战。

随着体育科研水平和体育科学化程度的提高，人们对自己的身体有了一个比较科学的认识并能合理科学地参加体育锻炼，实现体育的健身功能；随着体育科学体系的逐步完善，竞技体育、群众体育、学校体育的训练方法、手段，运用的科学技术，实施的体质检测分析等方面越来越科学化、系统化，更加凸显了体育育人功能的整体性、全面性；随着科学技术成果在体育领域的广泛应用，人文科技的体育器材更适合人类健身，各种体育媒体加快了体育的传播速度，延伸了体育传播的广度，使人们在选择体育活动时有了更大的选择空间。这些都有效地促进了体育功能的发挥。

（三）体育科学化有利于实现体育教育目的

体育是21世纪的主题，没有教育，就没有人类的发展和进步，人类正是在中总结经验，把经验转变成科学知识、理论，再用科学的知识、理论指导人类向前发展。把国际奥委会主席罗格先生翻说，奥林匹克运动开展的最重要的目的就是教育。19世纪末和整个20世纪，科学的发展极大地推动了教育的发展和进步，使人类知识成裂变式骤增。在这样的条件下，靠传统的教育方法和条件已经不随着人类知识的传承问题，这就要求运用现代科学的手段、方法和先进的教育设备实现教育科学化，最终达到教育所提出的更高的要求。体育教育作为教育的重要组成部分，同样需要科学技术的支撑，才能更好地实现体育的教育目的。

三、加快科学技术向体育转化，落实科教兴国

国际竞争表面上是军事、经济等领域的竞争，实际上是科学技术的竞争。科学技术的基础是教育，教育的最终目标是培养德、智、体等全面发展的人才，而体育则是培养合格人才不可缺少的重要手段。

有人把国际的体育竞赛比喻成无硝烟的战争，尤其在奥运会金牌的争夺上，各国都使出浑身解数，用尽各种科学技术手段来提高自己国家的实力，所以这种比喻一点都不为过。实际上，体育金牌竞争的背后也是经济实力和科学技术的较量。

现代体育分为竞技体育、群众体育和学校体育。

竞技体育因过分追求竞技水平，挖掘人自身的潜能，在很大程度上已经背离了强身健体的意义，成为可具观赏性的政治工具；因为吸引眼球，符合赚钱的需要和国家政治的需要，在竞技体育的科研上各个国家不惜投入重金，并使用其他各种科学技术手段，以提高竞技水平。但竞技体育的教育作用也不容忽视。竞技体育每项新的成绩、新的纪录、新的高难技术的诞生，既作为一种人体文化，记录着人类的潜能，也记录着社会经济、政治、科学、教育的发展程度。在竞技体育中提倡的公正、民主、团结、协作、谦虚、友谊、诚实等道德观念对青少年乃至全体社会成员都具有教育意义。

群众体育是群众强身健体、消遗娱乐、追求时尚的体育，呈现出社会化、娱乐化和终身化的特征。体育运动曾经是贵族的运动，随着科学技术的发展，劳动生产率的

提高，人们有更多的余暇时间参与体育活动。随着物质生活条件的改善和提高，一些本来只有上层阶级能参与的运动（如网球、高尔夫运动）也逐渐走向群众。当然国家对群众体育越来越重视，重在群众体育的科学技术投入上与竞技体育相比依然相形见绌。群众体育活动大多是体育社区或体育民间协会的成员自娱自乐的活动，只有在举办大型体育活动时，群众体育活动才相对组织化。群众体育的教育功能主要体现在强身健体、缓解压力、加强沟通交流、继承传统体育文化等方面。而在这样的背景下，国家很少对群众体育进行科学技术投入。因此，政府和社会应该加大对群众体育的科学技术和资金的投入力度，改善群众体育条件，充分发挥群众体育的教育作用。

然在中国改革开放的浪潮中，学校体育不断地被赋予促进学生身体健康的使命，但它被边缘化是不争的事实。为发挥学校体育的作用，实现学校体育促进青少年学生健康发煨的使命，笔者认为，首先要重视学校体育，把重视学校体育的条例、法规、政策落实到一线执行人、责任人身上；其次要加强对学校施行相关文件的监督力度，使学校体育工作落到实处，并使其行之有效；最后要把学校体脊与科学紧密结合起来，发挥体育在学校教育中的作用。体育是一门科学，学校体育是体育科学中的一部分。只有把学校体育知识、技术、训练手段和方法科学化，学校体育才能大有作为。

第五节　社会发展视角下的体育教育

一、体育终身化——全民健身与高校体育

（一）终身体育

终身教育思想是20世纪60年代联合同教科文组织终身教育处长保罗·勒格朗提出的教育思想，是指人一生中不断接受身心教育的过程。其核心是"个人要学会生存就必须按终身教育理论来安排自己一生的学习"。工作、闲暇和退休生活，只靠学校期间学到的知识和技能已不能适应经济和社会发展的需求。"按照终身教育的观点，体育不应该在正规学校学习结束时便终结，而是每个人终身锻炼的全过程，是学校体育阶段与走出学校后体育阶段相联系的桥梁。

（二）全民健身

"全民健身计划"是一项在国务院和地方政府领导下，由各级体育部门和有关部门共同负责实施的依托社会、全民参与的、宏大的社会系统工程。其目的在于促进社会主义物质文明和精神文明建设，形成崇尚健身、参与健身的社会风气，提高生活的质量，增进国民健康，提高综合国力水平。学校体育是实施全民健身计划的重点，是社会主义教育的组成部分，是全民体育的基础，对建设社会主义精神文明起到积极的作用。

（三）全民健身与高校体育的关系

学校体育在完善人类体质的体育系统工程中占有重要的位置，是进行终身体育的重要环节和基础。在学校体育中，贯彻终身体育思想的核心是培养学生的各种能力，并为培养21世纪所需要的合格人才起到积极的作用，为终身进行体育锻炼打下良好的基础。

学校教育的对象绝大多数是青少年，如果青少年的体质增强，就能从根本上提高我国人民与健康水平，从而全面提高民族素质。因此，抓好学校体育工作，不仅能促进学生身体的正常生长发育，增强体质，还能培养他们对体育的兴趣、体育锻炼的习惯，发展运动能力，为其在走出校园后的阶段进行体育锻炼打好基础，换言之，为学生终身进行体育锻炼打下良好的基础。

学校体育的发展可以扩大体育人口。搞好学校教育，不仅可以使学生受到良好的体育教育，还可以扩大我国的体育人口，促进体育社会化。这对推动我国体育运动的普及、促进全民性健身运动的开展都具有积极作用。

学校体育的发展可以为全民健身运动提供一定的物质基础。体育场地、器材、设备是开展体育工作的物质基础。目前，我国体育设施远远不能适应体育事业发展的需要，有些学校的体育设施比社会上的企事业单位、机关团体的体育设施要好得多，而且随着学校体育工作的进一步发展，必将更加完善。这些场地、器材、设施如果面向社会开放，不仅方便了群众，提高了场地的利用率，还为全民健身计划的落实提供了一定的物质条件。

全民健身运动在实现人的体育终身化方面，为学校体育的发展提供了良好的前景。众所周知，身体是人存在的物质基础。现代社会的发展对人的健康的要求越来越高，没有健康强壮的身体，是很难适应社会的，而终身体育对增强人的体质及健康有很大作用，能够使人有一个理想的体魄，更好地适应现代社会的需要。学校体育不单单是一种健康教育，它通过知识、技术和技能传授，使学生掌握可终身使用、终身受益的本领。但是这种本领掌握之后，只有经常运用，才能使人终身受益。中国人民大学的一项调查表明，我国每周只锻炼一次或几乎不参加体育锻炼的职工高达62.9%，国人参加体育锻炼的情况明显地呈现出"两头大，中间小"的形态，即少年儿童、退休老人积极参加体育锻炼，而绝大多数中年人极少参加体育锻炼。这说明人们在学校时能经常进行体育锻炼，但走向社会后却很少进行体育锻炼。有了终身体育的基础，却没有好好巩固，自然得不出体育终身化的结果。全民健身运动正是作为实现人的体育终身化的一种途径而被提倡的，为终身体育奠定了基础。从终身体育角度来讲，全民健身活动的开展为学校体育的发展提供了良好的前景。

全民健身运动极大地提高了社会举办体育活动的积极性，扩大了学校体育的范围，极大地丰富了学校体育的内容。因为学生不仅是学校体育的主体，还是家庭体育的重要成员、社会体育的一分子。除了在学校接受正规体育教育之外，家庭、社会对他们也有很大的影响。他们可以和家人或社会其他成员共同参加体育活动竞赛，也可以在学校以外的体育场馆进行体育锻炼，锻炼的内容、形式也随着群众体育的多样化而变得灵活多样。

全面健身运动为学校体育的发展提供了良好的环境，而学校体育的发展对全民健身运动的开展起到了促进作用，两者是相辅相成的，在共同实现人的体育终身化过程中起到重要的作用。

二、经济共享化——教育资源与高校体育

（一）共享经济

在"十三五"规划中，习近平总书记提出发展共享经济，共享经济及其所代表的商业形式正式成为国家层面上的战略规划。《中国共享经济发展年度报告（2019）》显示，2018年共享经济市场交易额为29420亿元，比上年增长41.6%；共享经济参与者人数约为7.6亿人，其中服务人数约为7500万人，同比增长7.1%。共享经济推动服务业结构优化、快速发展和消费方式转型的新动能作用日益凸显。然而"共享"概念并不是新鲜产物，"共享"本身就是物质交换的初始形态之一。随着时代的发展，"共享"具有不同的时代内涵，尤其互联网、移动互联网的出现和普及赋予了"共享经济"崭新的内涵。学者普遍认为最早界定"共享经济"的是1978年的美国学者Marcus Felson和Joe L Spaeth，他们指出共享经济是在一个由第三方创建的、以信息技术为基础的市场平台进行物品和服务的交换。以上观点成为时下界定"共享经济"内涵的基本依据，有跨时代价值，但是也具有局限性。

（二）高校体育资源实现社会共享的价值

高校体育场地是开展体育教学、技能训练、娱乐健身等活动的运动场所。体育场馆资源不仅包括体育场馆设施，还包括与之配套的教育教学资源。高校体育场馆资源实现社会共享是国家政策的要求，也是满足人民群众日益增长的锻炼需求的重要举措。在当前土地资源紧张的背景下，人们进行优质的公共体育锻炼、训练、培训等的资源极其匮乏，供给不足，致使体育事业产业化发展受到局限。而高校却拥有比较专业、完善的运动健身场馆，以及相匹配的专业教育教学资源。因此，在保证高校体育教学的前提下，鼓励和倡导闲置的体育场馆资源实现社会共享，不失为当前发展体育产业、促进体育消费、实现全民健身计划的一种有益尝试。

高校体育场馆资源实现社会共享至少行以下几项价值：一是闲置的体育场馆资源向社会开放，可以在一定程度上满足社会对健身场馆的要求，让人们享受高质量的体育场馆服务，推动全民健身事业的发展。二是将体育场馆设施资源向社会开放共享，可以将更多的资金吸引到高校，有利于高校体育场馆的设施维护和再建设，促进学校体育场馆的良性发展，达到双赢的目的。三是高效体育场馆除了具有场地与设施优势外，还聚集了高素质的专业人才，具有人才优势和人文氛围，这是其他场馆无法相比的。四是为高校建立创新创业机制提供机遇。在"大众创业、万众创新"的时代背景下，各高校校内场地资源的社会共享为高校教师和学生在校创业提供了广阔的平台，

共享经济的发展正在助推传统高校体育场馆资源管理模式不断探索创新，共享让其产生商业价值，其经济效益又可以反过来为教育教学服务，从而形成良性的管理生态。

高校将体育场地对社会开放并不是新鲜事，但是与现在新经济形态相匹配，取得较好经济效益的并不多，其中还存在不少问题。例如，管理模式比较单一；场地的管理服务意识和水平无法适应社会需求；营销机制不灵活，缺乏适应市场的宣传手段；缺乏有效的安全保障手段，增加了学校安全管理的难度等、这些问题将阻碍优质的高校体育资源而向社会共享的健康发展。因此，完善高校体育场馆的运动观念，建立健全高校体育场馆的运营机制对促进高校体育场地资源实现社会共享至关重要，并且已经成为高校优化资源配置、实现社会化改革创新的重要影响因素。

（三）高效体育场地资源实现社会共享的路径

1. 建立和完善管理体制和办法，提高开放程度

在共享经济的大背景下，高校体育场馆资源的管理模式有别于传统管理的模式，因而高校有关管理部门和管理者需要拓展研究视域，结合高校自身特点，找准场馆资源与社会需求的契合点，运用共享经济的原理来制定和完善相关的管理体制和办法。目前，高校体育场馆资源的开放程度还不够高，需要切实可行的管理体制作为保障，形成相应的管理模式，助推高校体育场地资源社会共享的健康、可持续发展。

2. 以"互联网+"技术为基础，构建宣传与互动式信息平台

在共享经济的大背景下，不能单纯地依靠高校实现资源分配，毕竟高校的首要职责仍然是教育与教学。依托第三方信息平台"去中介化"，通过网络"再中介化"来实现资源的分配，跨越时空局限将高校资源供给与社会需要相关联、对接，是当下共享经济不可缺少的措施与手段。

综上，共享经济的理念和模式已经陆续走入高校机制和管理创新的视野中。作为崭新的经济业态模式，有的高校已经探索出具有参考价值的探索路径，所以此研究视域不仅具有理论研究的意义，还有实践探索的价值。

三、教育国际化——文化传承与高校体育

（一）高效体育文化

1. 高校体育文化的定义

所谓体育文化，是一种以人的体育行为为特征的社会现象，是出人对体育的需要、思想、理论方法等观念形态的内容和外在的各种体育活动以及活动的组织行为（包括活动的规模和设施建设）构成的。体育作为一种独特的文化形式，是社会文化的重要组成部分，与其他文化现象在内容和功能上有许多相通之处，而特定的文化又与特定的社会制度和社会结构、社会过程和社会变化、社会生活方式有机地交织在一起。它是社会生活现象的浓缩与抽象，有着很强的生活性和逼真的生活模仿性，是生活的一种体验方式。只有当体育与学校教育这种文化现象发生联系时，才构成了以德、智、体、美为中心，并共同作用于教育对象的完整的教育体系，成为提高高校学

生的素质和能力、改善其体制和精神状态、实现人的身心协调全面发展的教育手段，进而成为学校文化建设的重要内容。

2. 高校体育文化的特征

（1）导向性。高校体育文化活动的具体内容丰富多彩。这些丰富的活动内容不仅使高校体育文化活动富有生机，提高了学生的文化素养，还对学生掌握多种体育知识和方法起到积极的作用。另外，大学生最终将告别校园，走向社会，他们将所学到的知识、所培养的爱好和体育锻炼习惯也一并带入社会，从而有助于全社会体育风气的形成，促进全民健身计划的实施。

（2）渗透性。高校体育文化作为一种意识形态和价值观念，以其浓郁的体育文化氛围培养和造就人才，影响着学生的思维方式、理想追求和行为习惯。高校的教学和科研活动是高校的主体文化，而体育文化则是校园主体文化的必要补充，并在主体文化的推动下渗透到所有领域。因此，高质量、高水平的体育文化对培养学生的创新意识、合作精神和坚强意志，有着不容忽视的作用。

（3）时代性。高校体育文化所涉及的范围应是全方位的。从主体上看，所打学生参与其中，包括教书育人、服务育人、环境育人、文化育人等教育方式；从内容上看，既包括精神文化培养、实践能力锻炼，又包括良好品质的养成、思想素质的提高等。20世纪50年代我国实行劳卫制，学校要求学生体育成绩达到等级运动员的标准；20世纪80年代掀起"女排热"；20世纪90年代初期掀起"足球热"；而今推行全民健身计划。国家的每一次活动都深深地影响着学校，甚至成为特定时代校园体育文化的主旋律。

总之，时代的体育精神感染着高校体育文化，高校体育文化又反映着时代的体育面貌。

（4）客观性。高校体育文化是在长期的教育实践中逐步形成的，是一种文化的历史积淀。他是在社会文化环境和学校本身发展的合力作用下形成的。虽然不排除人们的主观努力，但从总体上看是客观的一、独立的，教育界有个共识：凡是体育工作有特色、对外声誉高的学校，一般都有优良的健康向上的体育文化。高校体育文化的建设作为一种客观存在的形态，总是会对学校的发展产生或正、或负、或大、或小的作用。

3. 高校体育文化功能

（1）教育功能。高校体育文化在培养社会所需人才的总目标中担负着不可替代的重任，它通过有计划、有组织、有目的的训练、竞赛和课外俱乐部等活动内容，形成一种有意义的高校体育文化氛围。在这些活动中，教师传道、授业、解惑。一方面，他们通过各种形式传播体育文化只是；另一方面，他们又是体育文化建设主体，指导学生朝着健康而有序的方向永无止境地发展。这不仅增长了学生的体育才干，增进其身心健康，还促使学生树立崇高的理想，锻炼坚忍不拔的意志。

（2）创新功能。作为高校体疗文化的主体，师生不满足于观状，企盼从事创造性的体育活动，继而创造出新的精神产品和文化财富，以符合时代的发展需要。从客观上来说，高校体育文化成为多种文化意识的温床，在这里容易产生新的思想和新的观念，产生强烈的创新意识和表观欲望，迸发新颖的理想火花。例如，有意识、有计划地安排学生制订实施一套健身计划，设计一个趣味游戏，指挥一场足球比赛等，不仅可以培养学生的思维能力和想象能力，还可以锻炼他们的实践能力和创新能力。

（3）娱乐功能。在大学里，繁忙的教学科研工作及学习使师生感到焦虑和疲劳，而高校体育文化可以调整情绪，消除疲劳。在丰富的高校体育文化活动中，不管是竞技项目还是休闲项目，普遍都带有浓厚的娱乐色彩，这正适应了师生的生理、心理特点，满足了师生的文化需要。在这些活动中，师生暂时忘掉了在工作和学习上的烦恼，缓解了焦虑和紧张等情绪，获得精神愉悦与自由，保持了乐观的情绪。

（4）育人功能。高校体育文化、体育教学以及其他课堂教学等共同担负着育人的责任。丰富多彩的体育文化可以弥补体育教学和其他课程教学的不足，促进学生体育知识、体育技术、体育技能的学习，拓展学生的知识领域，提高学生身体素质、身体机能、体育能力、自我锻炼能力及独立思考能力，也为展现学生个性创造了理想的环境和条件，有利于增强学生的自信心和社会活动能力。

总之，高校体育文化的育人作用主要体现为提高学生的身体素质、思想道德素质和科学文化素质，培养有理想、有道德、有纪律的一代新人。

（二）国际化背景下高校体育文化建设发展方向

1.高校体育人文价值观发展方向

高校体育人文价值观的发展和创新能最好地诠释和践行科学发展观，而科学发展观的基本要义就是以人为本。现今，政治体育和社会发展已经出现不适应性，建设高校体育文化的本质要求已经演变为对教师和学生权利的尊重及对其需求的满足，人文精神、人文理性及人文本质是高校体育文化的发展本质，保障高校体育文化建设的可持续发展。国际化背景下，高校体育文化必须以人文主义价值观来引领其建设发展方向。

2.高校体育文化多元化发展方向

从理论的视角能够发现，不同高校之间的地域特点及发展进程有所不同，高校的体育文化从本质上也呈现出多元化发展态势。但是，计划体制仍然对我国高校的教育和发展有一定的影响，体育文化建设内外动力相对缺乏、当前经济国际化环境及传统和创新并重思想引导背景下，高校文化的超越性和批判性使大学体育文化内源性动力出现变化。相应的，世界体育文化对我国体育体制也产生了一定的影响，我国体育正向国际化靠拢，这属于高校体育文化的外部推动力。所以，高校体育文化建设在内、外驱动力的推动下必须作出改变，向多元化方向发展，国际化背景下的高校体育文化急需向民族化、国际化、科学化及人文化方向迈进。

3.高校体育文化创新化发展方向

国际化背景下高校体育文化想要取得突破性成就必须具有创新意识，只有具备创新精神和意识，才能使高校始终保持一种向上勃发的态势。高校集合了全世界最前沿、最先进的理念和文化，经济社会上的任何组织所不具有的接受和融合文化的能力，敢于对未知的文化领域进行探索，能够以最睿智和敏锐的眼光看待文化的发展。所以，高校体育文化建设应当将创新发展摆在核心位置，要以自身的发展需求和社会的要求为基点，积极挖掘体育文化资源，重构和选择有利于高校发展的体育文化体系，建设风格别致、底蕴深厚的高校体育文化。

（三）国际化背景下高校体育文化有效建设路径

1. 建设独具魅力的高校物质文化

国际化背景下，高校体育文化的传承和见证都需要物质文化的支撑，加强高校体育物质文化建设刻不容缓。20世纪末，我国开始大规模开办和建设高校，各个地区的高校数量不断增多。新建高校为了打造学校独有的体育文化氛围大力兴建体育健身场所、运动场和体育馆。需要注意的是，物质文化的构建并非只是与高校生活、科研及教学相关的物质构建，这些事务并非文化，无法将学校的个性和文化定位体现出来，也无法将高校的核心竞争力彰显出来。必须须经过高校管理者、教师及学生的共同努力，在长期的工作、教学及学习中赋予其思想，将体育精神融入工作、教学及学习中才能形成带有高校自身特点的体育物质文化。所以，高校应当将曾经见证过高校重大事件或具有历史文化的事物保存下来，这样才能将高校体育物质文化的独特魅力展现出来。

2. 加强人文主义精神软环境建设

文化层次理论将文化划分为3个层面，分别是基本假定、价值观及人造物。同样，在建设高校体育文化中，也可以将其划分为3个层面，其中的体育文化软环境建设就是中层和内层。人们可以将体育文化软环境看成是高校体育文化建设的一种生态环境，这种生态环境既能直接或间接地对体育文化发展产生一定作用，也能平衡高校体育文化体系中能量和物质的相互作用，很大程度上影响着体育文化的建设方向。立足于生态角度去看待高校体育文化，高校体育文化的发展及生存，需要全面研究高校自身所处的地理环境、人文生态、社会氛围及当时的文化氛围。

高校内层体育文化指的是体育的文化氛围、道德观、审美观及价值观。内层文化可以看成是高校体育文化建设的核心，其发展需要外层文化来承载体育文化的中层基本是从宏观上体现出来的，包括高校体育的各种奖励管理制度、社会服务制度、宣传文化制度、竞赛训练制度、体育文化课程制度、与体育相关的各种课程制度等。体育文化中层是大学进行变革的起始，也是保证体育文化内层得以实现的关键，对内层文化朝着怎样的方向发展产生影响。不管是学校的发展、学生的发展，还是价值观的选择，都应当对健康的价值和生命的意义进行考虑，而人文主义建设正好符合这种要求。例如，清华大学倡导爱国主义、锻炼身体；北京大学倡导丰富校园文化、培养体育精神；耶鲁大学倡导运动不针对个人；哈佛大学倡导体育人人参与等。这些体育文化无疑都体现出了一种人文主义精神的目标和价值追求。因此，高校务必要加强人文主义精神软环境建设，这样才能为高校体育文化的建设提供发展的动力，在这样的氛围中教师和学生才能被激励，师生素养才能得到塑造和发展。

3.融合接纳多种体育文化

从文化视角看，社会和大学对文化的选择实际上是相同的。高校怎样选择文化的方向受到社会主流文化及社会需要的影响，同样高校通过对文化的吸收和创造，对社会上的一些文化进行批判，一定程度上使社会文化的内涵得到发展和丰富，社会系统的价值方向和定位得到进一步明确。当今高校教育体制改革不断深入和推进，高校资源重组和整合的新态势使原先的封闭式和象牙塔式发展和建设方式不断发生改变，这些条条框框已经不能对高校吸收和同化外来文化不仅是校园文化的一部分，还在不断与世界各学校的体育文化融合。高校体育文化是在特定的文化土壤中由特定的人群发展起来的，和其他文化有本质的区别，其在实际融合和接纳社会及外来体育文化过程中，势必会产生冲突。高校应当积极面对这种冲突，这也是高校体育文化创新的契机和动力源泉。

第六节 网络信息视角下的体育教育

一、网络教育技术的应用

信息技术的进步与发展推动了现代教育的改革与创新，现代教育技术也逐渐被关注并应用到实际教学过程中。高校体育教育应当重视自身的改革与发展，只打这样才能保证高校学生综合素质的不断提升，满足学生全面发展的实际需求。

受新冠肺炎疫情影响，全国高校延期开学，安排网络授课，教师成了"网络主播"，学生成了"观众"，全国师生"停课不停教、停课不停学"，吹响了教育站"疫"的号角。体育与健康课程大部分都是实践课，而传统的体育教学模式主要是教师以班级为单位的现场教学。因此，体育教学面临巨大的考验。在此背景下，现代教育技术手段与体育教育的结合是高校体育教育的大势所趋。目前的高校教育中，虽然仍有部分高校对体育教学不够重视，高校体育教学所处的地位依旧较低，当下大学生身体素质状况也不容乐观，但受终身体育理念影响，很多学校开始重视并重新审视高校体育教学的重要性与作用，积极结合现代教育技术对教学方式进行改革与创新，为学生带来更高质量的高校体育教学。

结合现代网络教育技术，促进高校体育教学的改革与发展，已经成为新时代高校体育教育发展的重要方向。下面详细探究现代网络教育技术在高校体育教学中的应用问题。

（一）重点关注教学开发

高校体育教学的开发主要是以教学设计为基础，保证教学素材、信息资料等内容具有实际操作意义，常见的教学开发成果有多媒体教学课件、教案、、微课视频等。以羽毛球教学为例，若选择视频教学，那么教师需要制作教学所需的专门视频并将其运用于课堂教学。在使用过程中，体育教师还需要及时用语言补充视频教材中缺少的知识点、保证其质量与内容的完整性，让这些内容可以真正用于课堂教学之中。

（二）合理设计教学内容

高校在进行体育教学的过程中，应当始终坚持终身体育的教学观念，利用该理念指导高校体育教学，并结合高校自身的实际发展情况设计体育课程内容、课程进度，选择合适的教学方式。以笔者所在高校为例，学校针对大二学生开设羽毛球课程，在进行课程教学的过程中，体育教师可以利用视频为学生讲解相关的内容，也可以安排学生结合视频学习羽毛球技术动作，教师仅需从专业的角度指导学生掌握学习要点即可。需要注意的是，在进行高校体育教学设计过程中，必须保证教师的综合素质达到一定的水平，并且拥有较为丰富的教学经验，这样不但能使教学内容充分融入教学设计之中，还可以结合学校、学生的实际情况，保证整个设计的合理性、实操性与实用性。

（三）科学规划教学实践

教师必须重视教学准备的充足性，将掌握的知识与整理好的资料结合在一起，使学生更好地掌握这些知识内容。例如，教师在结合羽毛球的相关视频进行教学的过程中，应当事先深入挖掘整个视频的价值，保证能借助视频的力量更好地完成教学。只有这样，才能带给学生高质量的教学内容。教师也可以在某些部分给予学生有针对性的提示，使学生可以更深入地理解教师讲述的内容，提高高校体育教学的实效性。

二、多媒体技术的应用

多媒体技术、网络技术作为信息时代的两大支柱，给人类的生产、生活、交往、学习和思维方式等方面带来前所未有的变革，这种变革也不可避免地波及体育领域，对体育教学产生了巨大的冲击。随着现代媒体技术在体育教学中的广泛应用，媒体在体育教学中的重要性日益突显。它通过影响体育教学的各个方面，增强了教学效果，提高了教学效率。

体育教学媒体室指为达到体育教学目的，在体育教学过程中携带并传递教学信息，影响师生信息相互交流与传递的工具。它能存储、表达、传递和传播体育教学信息，能在体育教学过程中为人所选择、控制和操作使用。

体育教学常用的媒体是视听媒体和交互媒体，具体来说主要指视频、动画和计算机交互媒体。下面简单介绍几种常用的体育教学媒体。

（一）教学视频媒体

体育教学过程是动态过程，体育运动也是动态的过程，因此能够记录重放动态过程的视频是非常适合体育教学使用的。在诸多体育教学环节中，教师需要让学生掌握传统的动作技能套路，并能在此基础上灵活地应用与创造新的动作技能。在这个过程中，视频演示和动作分解具有非常好的效果。

在体育运动中，许多运动技术不但结构复杂，有些甚至需在一瞬间完成一连串的动作（如体操滚翻、单杠的回环动作等），而且是一些非常态动作，即日常生活中从来不使用的运动动作，这给教学带来很大难度。传统体育教学方式是教师在示范的基础上进行讲解，学生很难看清楚，而且教师自身的动作规范程度和水平也影响着学生的学习效果。利用数字视频技术，不仅可以挑选动作专业、标准的教练或者运动员录制的标准的动作示范，有效增强运动动作的规范性，还能够随时重放，或者使用慢动作、暂停等功能。此时教师可以讲解各分解动作要领，进而抓住动作的关键部分，突出重点、难点，帮助学生看清楚每一瞬间动作的技术细节，让学生更快、更全地建立起动作表象，增强认知阶段动作学习的教学效果。

（二）数字动画媒体

在讲解部分高难度动作时，靠传统教学手段挂图展示或教师的动作示范讲解往往达不到理想效果。为了解决这个问题，可以采用动画中的移动、旋转、定格、慢速播放、闪烁、色彩变化等效果，配以同步解说等手段来讲授教学内容，增强教学效果，例如，在技术动作讲解示范过程中，利用图形的移动、旋转、定格来演示运动的轨迹、动作过程及身体各部分的空间位置。再如，演示铅球投掷动作，可以利用动画将动作局部放大，慢速播放，免去教师大量的讲解示范，使学生在短时间内掌握动作细节，并且可以摒弃多余的复杂内容，直接显示技术要点。在某些项目的教学中，采用多媒体动画辅助教学可以让体育教学中的重难点清楚地呈现出来，帮助学生较好地掌握技术动作，提高教学效果和效率。

（三）多媒体交互课件

专为体育教学设计的计算机多媒体课件也是现代媒体技术在体育教学中的重要应用。一个精心设计、内容丰富、结构合理、层次分明的优秀课件，可以大大提高学习效率和效率。例如，把平面的、简单的资料形式，利用多媒体计算机综合处理能力及交互式特点予以集成，利用文字、图片、动画、影像等媒体，合理地呈现教学内容和创造逼真的教学情景，激发学生的积极性，提升教学效果。

三、现代信息技术的应用

（一）现代信息技术在高校体育教学资源中的启用

目前，教育发展两极分化现象始终存在于我国教育之中，优质的教学资源和师资大都集中在东部沿海地区，而现代信息技术的发展推动了网络教学资源平台的形成，能在一定程度上改变教育资源不平衡的现状。各地区的教师和学生都可以利用网络教学资源平台，自主学习全国各地优秀教师的上课资源。

网络教学资源平台能弥补大学体育课程较少的短板，现在大学体育课程课时普遍过少，教师在有限的时间内无法将课程内容完全教授给学生。学生通过网络资源可进行课外自学，也可以根据自己的兴趣选择相应的体育课程，自由选择学习的时间，满足自身的个性发展的需求。教育者通过网络教学资源可以随时获取最新的体育知识和最先进的教学方法，并通过网络课程的形式第一时间传授给学生，激发学生的学习兴趣。另外，由于教师专业能力的专一性和自身条件的局限性，不能完美完成所有的体育教材内容。例如，一些高难动作在面对面授课的过程中，动作示范不规范、不连贯，无法通过动作演示让学生正确掌握动作的技术特点，解决学生遇到的问题。这时学生可以通过直接观看优秀教师的教学视频，学习规范的动作。网络的视频优点更在于，可以无限次地暂停、重复和慢放动作，使学生可以更为清晰地了解动作细节，针对自己薄弱的点进行反复观看、自主学习，建立起动作表象，通过自身思考理解动作，更快地掌握学习动作，提高教学效果。这种自主学习的方法更有利于培养学生的体育意识和终身体育思想。

（二）现代信息技术在高校体育教学模式中的应用

与传统的挂图法、示范法相比，利用客户终端设备为学生播放与教学内容相关的微视频的方法有着明显的优势，它更加直观、生动，对于帮助学生建立正确的动作技能表象有很大作用。特别是目前还可以借助视频软件，如 Video Pix 软件，将原本复杂的动作进行慢动作播放，让学生能够更清楚细致地看到所学技术动作，帮助学生迅速建立起正确的动作认知表象。利用客户终端，在学生进行技能学习时用平板电脑将学生的动作记录下来，进行即时的动作反馈，可以让学生第一时间感受自己的动作，了解自己动作中的不足，从而改进自己的动作，提高动作技能的学习效率。教师也可以将这些视频推送给所有的学生，并对动作进行点评，大大减少教师课堂上的组织时间，便于教师对课堂教学进行诊断，修正下一步的教学内容，提高课堂教学的效率。

（三）现代信息技术在高校体育教学管理中的应用

当下高校体育教学中，课堂内外的脱节情况严重，许多学生进行运动的时间仅仅是每周的体育课课上时间。教师现在可以利用体育锻炼智能打卡 App 对学生进行监督，如可以让学生穿戴智能运动设备，将每天走路的步数进行统计，并由软件进行排名汇总推送到群内，以此作为学期成绩考核的依据；也可以利用智能运动软件让学生分享自己的运动经历和心得，晒出自己参加运动的照片，起到相互监督和激励的作用。通过使用此类智能应用，学生不仅锻炼了身体，还从根本上转变了学习方式，使学生不再是被动地参与体育活动，而是主动利用网络资源去探究学习。

信息技术与高校体育教学实现深度融合，能让高校的教学资源、教学校式、教育管理甚至是学校体系上升到一个新的高度。它不仅能将课堂与课下学习联系起来，充分延展体育课堂教学，还能将学校体育与健康教育有机结合，有效优化体育教育环境，提高教学质量。但是，高校体育与现代信息技术的深度融合现在依旧处于设想阶段，还有很长的路要走，这就需要体育工作者不断探索与创新。

参考文献

[1] 尹玉华，何为，徐继年.九年义务教育体育与健康课程教学指南［M］.成都：电子科技大学出版社，2018

[2] 李卫东.体育课程教学模式［M］.北京：高等教育出版社，2018

[3] 赵琼，马健勋，叶晓阳.当代体育教学管理研究［M］.北京：中国纺织出版社，2017

[4] 李启迪，邵伟德.体育教学基本理论研究［M］.北京：北京师范大学出版社，2014

[5] 黄丽秋.终身体育思想的形成及教学引领研究［D］.湖南师范大学，2014

[6] 张丽荣.体育教学的价值回归探索［M］.北京：中国纺织出版社，2017

[7] 蔺新茂，毛振明.体育教学内容论［M］.北京：北京体育大学出版社，2014

[8] 黄天涛.高中体育新课程改革教学内容问题分析及对应策略［D］.贵州师范大学，2015

[9] 程明月.我国现行中小学体育教学内容的现状分析与对策研究［D］.南京师范大学，2017

[10] 余以胜，胡.解读互联网+［M］.广州：华南理工大学出版社，2016

[11] 王春丽，时小侬，王成云，等."互联网+"视角下高职课堂教学模式研究［M］.长春：吉林人民出版社，2016

[12] 孔凌鹤，马腾.现代体育教学的多维分析与创新研究［M］.北京：中国商务出版社，2016

[13] 杨剑飞."互联网+教育"新学习革命［M］.北京：知识产权出版社，2016

[14] 孔凌鹤，马腾.现代体育教学的多维分析与创新研究［M］.北京：中国商务出版社，2016

[15] 胡毓愆.商校自主协作体育教学模式对学生自主学习能力的影响分析［J］.当代体育科技，2014，4（33）：125-126

[16] 王雪英.体育教学中的改革——在学生中实施肉主、协作、创新的设想［J］.科技信息，2012（30）：340

［17］李凤燕，陈小贺，刘永存．健身身气功八段锦教学现状的研究进展［J］．中国医药导报，2018，15（34）：57-60

［18］吕晓龙．高校学生健身运动处方模式的应用及效果分析［J］．体育风尚，2018（12）：232

［19］杨春玲，王钟音，张茜．健身运动处方教学校式对提高医学生身体素质的作用研究［J］．继续医学教育，2015，29（9）：38-39

［20］胡晓明．高校体育教学中应用"生态体育"教学模式的实践探索［J］．休闲，2018（12）：239

［21］范晓平．学校体育教学与专项实践阐析［M］．北京：中国纺织出版社，2019

［22］徐添庆，吕立，潘红，李坚，李华云．新时代高校大学生体育运动教育体系研究［J］．当代体育科技，2019，9（6）：1

［23］何杜萌．困境与发展：高校学校体育体系的建构与实践探析［J］．四川体育科技，2019，38（1）：1

［24］陈方煜．高校体育教学改革中的问题与对策——评《高校体育教育发展情况分析与改革研究》［J］．中国高校科技，2019（21）：22

［25］刘东起．大学体育教学改革中存在的问题及对策［J］．当代体育科技，2019，9（4）：1

［26］左琳燕．我国高校体育教学改革过程中面临的问题及对策探析［J］．当代体育科技，2019，9（3）：34-35

［27］姚小晶．山西省大学生体质健康教育保障体系现状调查［D］．山西师范大学，2018